CATECISMO MENOR

de

MARTÍN LUTERO

con explicaciones

Editorial
Concordia

CONTENIDO

EL CATECISMO MENOR

UNA EXPLICACIÓN DEL CATECISMO MENOR

EL
CATECISMO
MENOR

de

MARTÍN LUTERO (1483–1546)

Publicado por primera vez en el año 1529

LOS DIEZ MANDAMIENTOS

Cómo el jefe de familia debe enseñarlos en forma muy sencilla a los de su casa.

El Primer Mandamiento

No tengas otros dioses aparte de mí.

¿Qué quiere decir esto?

Más que a todas las cosas debemos temer y amar a Dios y confiar en él.

El Segundo Mandamiento

No hagas mal uso del nombre del Señor tu Dios.

¿Qué quiere decir esto?

Debemos temer y amar a Dios de modo que no usemos su nombre para maldecir, jurar, hechizar, mentir o engañar, sino que lo invoquemos en todas las necesidades, lo adoremos, alabemos y le demos gracias.

El Tercer Mandamiento

Acuérdate del día de reposo, para santificarlo.

¿Qué quiere decir esto?

Debemos temer y amar a Dios de modo que no despreciemos la predicación y su palabra, sino que la consideremos santa, la oigamos y aprendamos con gusto.

El Cuarto Mandamiento

Honra a tu padre y a tu madre.

¿Qué quiere decir esto?

Debemos temer y amar a Dios de modo que no despreciemos ni irritemos a nuestros padres y superiores, sino que los honremos, les sirvamos, obedezcamos, los amemos y tengamos en alta estima.

El Quinto Mandamiento

No mates.

¿Qué quiere decir esto?

Debemos temer y amar a Dios de modo que no hagamos daño o mal material alguno a nuestro prójimo en su cuerpo, sino que le ayudemos y hagamos prosperar en todas las necesidades de su vida.

El Sexto Mandamiento

No cometas adulterio.

¿Qué quiere decir esto?

Debemos temer y amar a Dios de modo que llevemos una vida casta y decente en palabras y obras, y que cada uno ame y honre a su cónyuge.

El Séptimo Mandamiento

No robes.

¿Qué quiere decir esto?

Debemos temer y amar a Dios de modo que no quitemos el dinero o los bienes de nuestro prójimo, ni nos apoderemos de ellos con mercaderías o negocios falsos, sino que le ayudemos a mejorar y conservar sus bienes y medios de vida.

El Octavo Mandamiento

No digas mentiras en perjuicio de tu prójimo.

¿Qué quiere decir esto?

Debemos temer y amar a Dios de modo que no mintamos contra nuestro prójimo, ni le traicionemos, ni calumniemos, ni le difamemos, sino que le disculpemos, hablemos bien de él e interpretemos todo en el mejor sentido.

El Noveno Mandamiento

No codicies la casa de tu prójimo.

¿Qué quiere decir esto?

Debemos temer y amar a Dios de modo que no tratemos de obtener con astucia la herencia o la casa de nuestro prójimo ni nos apoderemos de ellas con apariencia de derecho, sino que le ayudemos y cooperemos con él en la conservación de lo que le pertenece.

El Décimo Mandamiento

No codicies la mujer de tu prójimo, ni su esclavo o esclava, ni su buey ni su asno, ni nada que le pertenezca.

¿Qué quiere decir esto?

Debemos temer y amar a Dios de modo que no le quitemos al prójimo su mujer, sus criados o sus animales, ni los alejemos, ni hagamos que lo abandonen, sino que los instemos a que permanezcan con él y cumplan con sus obligaciones.

¿Qué dice Dios de todos estos mandamientos en conjunto?

Dice así: "Yo soy el Señor tu Dios, Dios celoso que castiga la maldad de los padres que me odian, en los hijos, nietos y bisnietos; pero que trato con amor por mil generaciones a los que me aman y cumplen mis mandamientos."

¿Qué quiere decir esto?

Dios amenaza castigar a todos los que traspasan estos mandamientos. Por lo tanto, debemos temer su ira y no actuar en contra de dichos mandamientos. En cambio, él promete gracia y todo género de bienes a todos los que los cumplen. Así que debemos amarlo y confiar en él y actuar gustosos conforme a sus mandamientos.

II
EL CREDO

Cómo el jefe de familia debe enseñarlo en forma muy sencilla a los de su casa.

Artículo Primero: La creación

Creo en Dios Padre todopoderoso, creador del cielo y de la tierra.

¿Qué quiere decir esto?

Creo que Dios me ha creado y también a todas las criaturas; que me ha dado cuerpo y alma, ojos, oídos y todos los miembros, la razón y todos los sentidos y aún los sostiene, y además vestido y calzado, comida y bebida, casa y hogar, esposa e hijos, campos, ganado y todos los bienes; que me provee abundantemente y a diario de todo lo que necesito para sustentar este cuerpo y vida, me protege contra todo peligro y me guarda y preserva de todo mal; y todo esto por pura bondad y misericordia paternal y divina, sin que yo en manera alguna lo merezca ni sea digno de ello. Por todo esto debo darle gracias, ensalzarlo, servirle y obedecerle. Esto es con toda certeza la verdad.

Artículo Segundo: La redención

Y en Jesucristo, su único Hijo, nuestro Señor; que fue concebido por obra del Espíritu Santo, nació de la virgen María; padeció bajo el poder de Poncio Pilatos, fue crucificado, muerto y sepultado; descendió a los infiernos; al tercer día resucitó de entre los muertos; subió a los cielos y está sentado a la diestra de Dios Padre todopoderoso; y desde allí ha de venir a juzgar a los vivos y a los muertos.

¿Qué quiere decir esto?

Creo que Jesucristo, verdadero Dios engendrado del Padre en la eternidad, y también verdadero hombre nacido de la virgen María, es mi Señor, que me ha redimido a mí, hombre perdido y condenado, y me ha rescatado y conquistado de todos los pecados, de la muerte y del poder del diablo, no con oro o plata, sino con su santa y preciosa sangre y con su inocente pasión y muerte; y todo esto lo hizo para que yo sea suyo y viva bajo él en su reino, y le sirva en justicia, inocencia y bienaventuranza eternas, así como él resucitó de la muerte y vive y reina eternamente. Esto es con toda certeza la verdad.

Artículo Tercero: La santificación

Creo en el Espíritu Santo; la santa iglesia cristiana, la comunión de los santos; el perdón de los pecados; la resurrección de la carne y la vida perdurable. Amén.

¿Qué quiere decir esto?

Creo que ni por mi propia razón, ni por mis propias fuerzas soy capaz de creer en Jesucristo, mi Señor, o venir a él; sino que el Espíritu Santo me ha llamado mediante el evangelio, me ha iluminado con sus dones, y me ha santificado y conservado en la verdadera fe, del mismo modo como él llama, congrega, ilumina y santifica a toda la cristiandad en la tierra, y la conserva unida a Jesucristo en la verdadera y única fe; en esta cristiandad él me perdona todos los pecados a mí y a todos los creyentes, diaria y abundantemente, y en el último día me resucitará a mí y a todos los muertos y me dará en Cristo, juntamente con todos los creyentes, la vida eterna. Esto es con toda certeza la verdad.

III
EL PADRENUESTRO

Cómo el jefe de familia debe enseñarlo en forma muy sencilla a los de su casa.

Padre nuestro que estás en los cielos.

¿Qué quiere decir esto?

Con esto, Dios quiere atraernos para que creamos que él es nuestro verdadero Padre y nosotros sus verdaderos hijos, a fin de que le pidamos con valor y plena confianza, como hijos amados a su amoroso padre.

Primera Petición

Santificado sea tu nombre.

¿Qué quiere decir esto?

El nombre de Dios ya es santo de por sí; pero rogamos con esta petición que sea santificado también entre nosotros.

¿Cómo sucede esto?

Cuando la palabra de Dios es enseñada en toda su pureza, y cuando también vivimos santamente conforme a ella, como hijos de Dios. ¡Ayúdanos a que esto sea así, amado Padre celestial! Pero quien enseña y vive de manera distinta de lo que enseña la palabra de Dios, profana entre nosotros el nombre de Dios. De ello ¡guárdanos, Padre celestial!

Segunda Petición

Venga a nos tu reino.

¿Qué quiere decir esto?

El reino de Dios viene en verdad por sí solo, aún sin nuestra oración. Pero rogamos con esta petición que venga también a nosotros.

¿Cómo sucede esto?

Cuando el Padre celestial nos da su Espíritu Santo, para que, por su gracia, creamos su santa palabra y llevemos una vida de piedad, tanto aquí en el mundo temporal como allá en el otro, eternamente.

Tercera Petición

Hágase tu voluntad, así en la tierra como en el cielo.

¿Qué quiere decir esto?

La buena y misericordiosa voluntad de Dios se hace, en verdad, sin nuestra oración; pero rogamos con esta petición que se haga también entre nosotros.

¿Cómo sucede esto?

Cuando Dios desbarata y estorba todo mal propósito y voluntad que tratan de impedir que santifiquemos el nombre de Dios y de obstaculizar la venida de su reino, tales como la voluntad del diablo, del mundo y de nuestra carne. Así también se hace la voluntad de Dios, cuando él nos fortalece y nos mantiene firmes en su palabra y en la fe hasta el fin de nuestros días. Esta es su misericordiosa y buena voluntad.

Cuarta Petición

El pan nuestro de cada día, dánoslo hoy.

¿Qué quiere decir esto?

Dios da diariamente el pan, también sin nuestra súplica, aún a todos los malos; pero rogamos con esta petición que él nos haga reconocer esto y así recibamos nuestro pan cotidiano con gratitud.

¿Qué es el pan cotidiano?

Todo aquello que se necesita como alimento y para satisfacción de las necesidades de esta vida, como: comida, bebida, vestido, calzado, casa, hogar, tierras, ganado, dinero, bienes; piadoso cónyuge, hijos piadosos, piadosos criados, autoridades piadosas y fieles; buen gobierno, buen tiempo; paz, salud, buen orden, buena reputación, buenos amigos, vecinos fieles, y cosas semejantes a éstas.

Quinta Petición

Y perdónanos nuestras deudas, así como nosotros perdonamos a nuestros deudores.

¿Qué quiere decir esto?

Con esta petición rogamos al Padre celestial que no tome en cuenta nuestros pecados, ni por causa de ellos nos niegue lo que pedimos. En efecto, nosotros no somos dignos de recibir nada de lo que imploramos, ni tampoco lo hemos merecido, pero quiera Dios dárnoslo todo por su gracia, pues diariamente pecamos mucho y sólo merecemos el castigo. Así, por cierto, también por nuestra parte perdonemos de corazón, y con agrado hagamos bien a los que contra nosotros pecaren.

Sexta Petición

Y no nos dejes caer en la tentación.

¿Qué quiere decir esto?

Dios, en verdad, no tienta a nadie; pero con esta petición le rogamos que nos guarde y preserve, a fin de que el diablo, el mundo, y nuestra carne, no nos engañen y seduzcan, llevándonos a una fe errónea, a la desesperación, y a otras grandes vergüenzas y vicios. Y aún cuando fuéremos tentados a ello, que al fin logremos vencer y retener la victoria.

Séptima Petición

Mas líbranos del mal.

¿Qué quiere decir esto?

Con esta petición rogamos, como en resumen, que el Padre celestial nos libre de todo lo que pueda perjudicar nuestro cuerpo y alma, nuestros bienes y honra, y que al fin, cuando llegue nuestra última hora, nos conceda un fin bienaventurado, y, por su gracia, nos lleve de este valle de lágrimas al cielo, para morar con él.

Porque tuyo es el reino y el poder y la gloria por los siglos de los siglos.[1]
Amén.

¿Qué quiere decir esto?
Que debo estar en la certeza de que el Padre celestial acepta estas peticiones y las atiende; pues él mismo nos ha ordenado orar así y ha prometido atendernos. Amén, amén, quiere decir: Sí, sí, que así sea.

IV
EL SACRAMENTO DEL SANTO BAUTISMO
Cómo el jefe de familia debe enseñarlo en forma muy sencilla a los de su casa.

Primero
¿Qué es el Bautismo?
El Bautismo no es simple agua solamente, sino que es agua comprendida en el mandato divino y ligada con la palabra de Dios.
¿Qué palabra de Dios es ésta?
Es la palabra que nuestro Señor Jesucristo dice en el último capítulo del Evangelio según San Mateo: "Vayan, pues, a las gentes de todas las naciones, y háganlas mis discípulos; bautícenlas en el nombre del Padre, del Hijo y del Espíritu Santo."

Segundo
¿Qué dones o beneficios confiere el Bautismo?
El Bautismo efectúa perdón de los pecados, redime de la muerte y del diablo, y da la salvación eterna a todos los que lo creen, tal como se expresa en las palabras y promesas de Dios.
¿Qué palabras y promesas de Dios son éstas?
Son las que nuestro Señor Jesucristo dice en el último capítulo de Marcos: "El que crea y sea bautizado, será salvo; pero el que no crea, será condenado."

---

1. Estas palabras no estaban en el Catecismo Menor de Lutero.

13

Tercero
¿Cómo puede el agua hacer cosas tan grandes?
El agua en verdad no las hace, sino la palabra de Dios que está con el agua y unida a ella, y la fe que confía en dicha palabra de Dios ligada con el agua, porque, sin la palabra de Dios, el agua es simple agua, y no es Bautismo; pero, con la palabra de Dios, sí es Bautismo, es decir, es un agua de vida, llena de gracia, y un lavamiento de la regeneración en el Espíritu Santo, como San Pablo dice a Tito en el tercer capítulo: "Por medio del lavamiento nos ha hecho nacer de nuevo; por medio del Espíritu Santo nos ha dado nueva vida; y por medio de nuestro Salvador Jesucristo nos ha dado el Espíritu Santo en abundancia, para que, habiéndonos librado de culpa por su bondad, recibamos la vida eterna que esperamos." Esto es con toda certeza la verdad.

Cuarto
¿Qué significa este bautizar con agua?
Significa que el viejo Adán en nosotros debe ser ahogado por pesar y arrepentimiento diarios, y que debe morir con todos sus pecados y malos deseos; asimismo, también cada día debe surgir y resucitar la nueva persona, que ha de vivir eternamente delante de Dios en justicia y pureza.
¿Dónde está escrito esto?
San Pablo dice en Romanos, capítulo seis: "Pues por el bautismo fuimos sepultados con Cristo, y morimos para ser resucitados y vivir una vida nueva, así como Cristo fue resucitado por el glorioso poder del Padre" (Ro 6.4).

V
CONFESIÓN Y ABSOLUCIÓN
Manera como se debe enseñar a la gente sencilla a confesarse

¿Qué es la confesión?
La confesión contiene dos partes. La primera, es la confesión de los pecados, y, la segunda, el recibir la absolución del confesor como de Dios mismo, no dudando de ella en lo más mínimo, sino creyendo firmemente que por ella los pecados son perdonados ante Dios en el cielo.
¿Qué pecados hay que confesar?
Ante Dios uno debe declararse culpable de todos los pecados, aún de aquellos que ignoramos, tal como lo hacemos en el Padrenuestro. Pero, ante

el confesor, debemos confesar solamente los pecados que conocemos y sentimos en nuestro corazón.

¿Cuáles son tales pecados?

Considera tu estado basándote en los Diez Mandamientos, seas padre, madre, hijo o hija, señor o señora o servidor, para saber si has sido desobediente, infiel, perezoso, violento, insolente, reñidor; si hiciste un mal a alguno con palabras u obras; si hurtaste, fuiste negligente o derrochador, o causaste algún otro daño.

¡Por favor, indícame una breve manera de confesarme!

De esta manera debes hablarle al confesor:

Honorable y estimado señor: le pido que tenga a bien escuchar mi confesión y declarar el perdón de mis pecados por Dios.

Di, pues:

Yo, pobre pecador, me confieso ante Dios que soy culpable de todos los pecados; especialmente me confieso ante su presencia que siendo sirviente, sirvienta, etc., sirvo lamentablemente en forma infiel a mi amo, pues aquí y allí no he hecho lo que me ha sido encomendado, habiéndolo movido a encolerizarse o a maldecir; he descuidado algunas cosas y he permitido que ocurran daños. He sido también impúdico en palabras y obras; me he irritado con mis semejantes y he murmurado y maldecido contra mi amo, etc. Todo esto lo lamento y solicito su gracia; quiero corregirme.

Un amo o ama debe decir así: En especial confieso ante su presencia que no eduqué fielmente para gloria de Dios a mi hijo, sirviente, mujer. He maldecido; he dado malos ejemplos con palabras y obras impúdicas; he hecho mal a mi vecino, hablando mal de él, vendiéndole muy caro, dándole mala mercadería y no toda la cantidad que corresponde.

En general, deberá confesarse todo lo que uno ha hecho en contra de los Diez Mandamientos, lo que corresponde según su estado, etc.

Si alguien no se siente cargado de tales o aun mayores pecados, entonces no debe preocuparse o buscar más pecados ni inventarlos, haciendo con ello un martirio de la confesión, sino que debe contar uno o dos, tal como él lo sabe, de esta manera: En especial confieso que he maldecido una vez; del mismo modo, que he sido desconsiderado una vez con palabras, que he descuidado esto, etc. Considera esto como suficiente.

Si no sientes ninguno (lo que no debería ser posible), entonces no debes decir nada en particular, sino recibir el perdón de la confesión general, así como lo haces ante Dios en presencia del confesor.

A ello debe responder el confesor: Dios sea contigo misericordioso y fortalezca tu fe, Amén. Dime: ¿Crees tú también que mi perdón sea el perdón de Dios?

Sí, venerable señor.

Entonces dirá:

Así como has creído, de la misma forma acontezca en ti. Y yo, por mandato de nuestro Señor Jesucristo, te perdono tus pecados en el nombre del Padre y del Hijo y del Espíritu Santo. Amén. Ve en paz.

Aquellos que tengan gran carga de conciencia o estén afligidos o atribulados los sabrá consolar e impulsar hacia la fe un confesor con más pasajes bíblicos. Ésta debe ser sólo una manera usual de confesión para la gente sencilla.

VI
EL SACRAMENTO DE LA CENA DEL SEÑOR

Cómo el jefe de familia debe enseñarlo en forma muy sencilla a los de su casa.

¿Qué es el sacramento de la Cena del Señor?

Es el verdadero cuerpo y la verdadera sangre de nuestro Señor Jesucristo bajo el pan y el vino, instituido por Cristo mismo para que los cristianos lo comamos y bebamos.

¿Dónde está escrito esto?

Así escriben los santos evangelistas Mateo, Marcos y Lucas, y también San Pablo: "Nuestro Señor Jesucristo, la noche en que fue entregado, tomó el pan; y habiendo dado gracias, lo partió y dio a sus discípulos, diciendo: Tomen, coman; esto es mi cuerpo que por ustedes es dado. Hagan esto en memoria de mí. Asimismo tomó también la copa, después de haber cenado, y habiendo dado gracias, la dio a ellos, diciendo: Tomen, y beban de ella todos; esta copa es el nuevo pacto en mi sangre, que es derramada por ustedes para remisión de los pecados. Hagan esto, todas las veces que beban, en memoria de mí."

¿Qué beneficios confiere el comer y beber así?

Los beneficios los indican estas palabras: "por ustedes dado" y "por ustedes derramada para perdón de los pecados." O sea, por estas palabras se nos da en el sacramento perdón de pecados, vida y salvación; porque donde hay perdón de pecados, hay también vida y salvación.

¿Cómo puede el comer y beber corporal hacer una cosa tan grande?

Ciertamente, el comer y beber no es lo que la hace, sino las palabras que están aquí escritas: "Por ustedes dado" y "por ustedes derramada para perdón de los pecados." Estas palabras son, junto con el comer y beber corporal, lo principal en el sacramento. Y el que cree dichas palabras, tiene lo que ellas dicen y expresan; eso es: "el perdón de los pecados."

¿Quién recibe este sacramento dignamente?

El ayunar y prepararse corporalmente es, por cierto, un buen disciplinamiento externo; pero verdaderamente digno y bien preparado es aquél que tiene fe en las palabras: "por ustedes dado" y "por ustedes derramada para perdón de los pecados." Mas el que no cree estas palabras, o duda de ellas, no es digno, ni está preparado; porque las palabras "por ustedes" exigen corazones enteramente creyentes.

VII
FORMAS DE BENDICIÓN QUE EL JEFE DE FAMILIA DEBE ENSEÑAR A LOS DE SU CASA PARA LA MAÑANA Y LA NOCHE

Por la mañana, apenas hayas abandonado el lecho, te santiguarás y dirás así: En el nombre de Dios Padre, Hijo y Espíritu Santo. Amén. *Entonces, puesto de rodillas o de pie, dirás el Credo y el Padrenuestro. Si quieres, puedes orar brevemente así:*

Te doy gracias, Padre celestial, por medio de Jesucristo, tu amado Hijo, porque me has protegido durante esta noche de todo mal y peligro, y te ruego que también durante este día me guardes de pecados y de todo mal, para que te agrade todo mi obrar y vivir. En tus manos encomiendo mi cuerpo, mi alma y todo lo que es mío. Tu santo ángel me acompañe, para que el maligno no tenga ningún poder sobre mí. Amén.

Y luego dirígete con gozo a tu labor entonando quizás un himno, por ejemplo acerca de los Diez Mandamientos, o lo que tu corazón te dicte.

Por la noche, cuando te retires a descansar, te santiguarás y dirás así: En el nombre de Dios Padre, Hijo y Espíritu Santo. Amén. *Entonces, puesto de rodillas o de pie, dirás el Credo y el Padrenuestro. Si quieres, puedes orar brevemente así:*

Te doy gracias, Padre celestial, por medio de Jesucristo, tu amado Hijo, porque me has protegido benignamente en este día, y te ruego que me perdones todos los pecados que he cometido, y me guardes benignamente en esta noche. En tus manos encomiendo mi cuerpo, mi alma, y todo lo que

es mío. Tu santo ángel me acompañe, para que el maligno no tenga ningún poder sobre mí. Amén.
Luego descansa confiadamente.

VIII
CÓMO EL JEFE DE FAMILIA DEBE ENSEÑAR A LOS DE SU CASA LA BENDICIÓN Y ACCIÓN DE GRACIAS

Tanto los niños como los criados se acercarán a la mesa con las manos juntas y, reverentemente, dirán así:
Los ojos de todos esperan de ti que tú les des su comida a su tiempo. Abres tu mano y con tu buena voluntad satisfaces a todos los seres vivos.
Luego recitarán el Padrenuestro y esta oración:
Señor Dios, Padre celestial: Bendícenos y bendice estos tus dones, que de tu gran bondad recibimos. Por Jesucristo, nuestro Señor. Amén.

Acción de Gracias
Así también, después de haber comido, dirán igualmente con reverencia y con las manos juntas: Den gracias al Señor, porque él es bueno; porque su amor es eterno. Él da de comer a los animales y a las crías de los cuervos cuando chillan. No es la fuerza del caballo ni los músculos del hombre lo que más agrada al Señor; a él le agradan los que le honran, los que confían en su amor.
Entonces recitarán el Padrenuestro, añadiendo la siguiente oración: Te damos gracias, Señor Dios Padre, por Jesucristo, nuestro Señor, por todos tus beneficios: Tú que vives y reinas por todos los siglos. Amén.

IX
TABLA DE DEBERES
Ciertas porciones de las Sagradas Escrituras, por las cuales el cristiano es amonestado con respecto a su vocación y a sus deberes.

A los obispos, a los pastores y a los predicadores

La conducta del que tiene responsabilidades como dirigente ha de ser irreprensible. Debe ser esposo de una sola mujer y llevar una vida seria, juiciosa y respetable. Debe estar siempre dispuesto a hospedar gente en su casa; debe ser apto para enseñar; no debe ser borracho ni amigo de peleas, sino bondadoso, pacífico y desinteresado en cuanto al dinero. Debe saber gobernar bien su casa y hacer que sus hijos sean obedientes y respetuosos. *1 Timoteo 3.2–4*

El dirigente no debe ser un recién convertido, no sea que se llene de orgullo y caiga bajo la misma condenación en que cayó el diablo. *1 Timoteo 3.6*

Debe apegarse al verdadero mensaje que se le enseñó, para que también pueda animar a otros con la sana enseñanza y convencer a los que contradicen. *Tito 1.9*

Deberes de los cristianos para con sus maestros y pastores

Coman y beban de lo que ellos tengan, pues el trabajador tiene derecho a su paga. *Lucas 10.7*

De igual manera, el Señor ha dispuesto que quienes anuncian el mensaje de salvación vivan de ese mismo trabajo. *1 Corintios 9.14*

El que recibe instrucción en el mensaje del evangelio, debe compartir con su maestro toda clase de bienes. No se engañen ustedes: nadie puede burlarse de Dios. *Gálatas 6.6–7*

Los ancianos que gobiernan bien la iglesia deben ser doblemente apreciados, especialmente los que se dedican a predicar y enseñar. Pues la Escritura dice: "No le pongas bozal al buey que trilla." Y también: "El trabajador tiene derecho a su paga." *1 Timoteo 5.17–18*

Hermanos, les rogamos que tengan respeto a los que trabajan entre ustedes y los dirigen y aconsejan en el Señor. Deben estimarlos y amarlos mucho, por el trabajo que hacen. Vivan en paz unos con otros. *1 Tesalonicenses 5.12–13*

Obedezcan a sus dirigentes y sométanse a ellos, porque ellos cuidan sin descanso de ustedes, sabiendo que tienen que rendir cuentas a Dios. Procuren hacerles el trabajo agradable y no penoso, pues lo contrario no sería de ningún provecho para ustedes. *Hebreos 13.17*

Del gobierno civil

Todos deben someterse a las autoridades establecidas. Porque no hay autoridad que no venga de Dios, y las que hay, fueron puestas por él. Así que quien se opone a la autoridad, va en contra de lo que Dios ha ordenado. Y los que se oponen serán castigados; porque los gobernantes no están para causar miedo a los que hacen lo bueno, sino a los que hacen lo malo.

¿Quieres vivir sin miedo a la autoridad? Pues pórtate bien, y la autoridad te aprobará, porque está al servicio de Dios para tu bien. Pero, si te portas mal, entonces sí debes tener miedo; porque no en vano la autoridad lleva la espada, ya que está al servicio de Dios para dar su merecido al que hace lo malo. *Romanos 13.1–4*

Deberes de los ciudadanos hacia la autoridad

Den al emperador lo que es del emperador, y a Dios lo que es de Dios. *Mateo 22.21*

Es preciso someterse a las autoridades, no sólo para evitar el castigo, sino como un deber de conciencia. También por esta razón ustedes pagan impuestos; porque las autoridades están al servicio de Dios, y a eso se dedican. Denle a cada uno lo que corresponde. Al que deben pagar contribuciones, páguenle las contribuciones; al que deban pagar impuestos, páguenle los impuestos; al que deban respeto, respétenlo; al que deban estimación, estímenlo. *Romanos 13.5–7*

Ante todo encomiendo que se hagan peticiones, oraciones, súplicas y acciones de gracias a Dios por toda la humanidad. Se debe orar por los que gobiernan y por todas las autoridades, para que podamos gozar de una vida tranquila y pacífica, llena de reverencia a Dios y respetable en todos los sentidos. Esto es bueno y agrada a Dios nuestro Salvador. *1 Timoteo 2.1–3*

Recuérdales que se sometan al gobierno y a las autoridades, que sean obedientes y que siempre estén dispuestos a hacer lo bueno. *Tito 3.1*

Por causa del Señor, sométanse a toda autoridad humana: tanto al emperador, por ser el cargo más alto, como a los gobernantes que él envía para castigar a los malhechores y honrar a los que hacen el bien. *1 Pedro 2.13–14*

A los maridos

Los esposos sean comprensivos con sus esposas. Denles el honor que les corresponde, no solamente porque la mujer es más delicada, sino también porque Dios en su bondad les ha prometido a ellas la misma vida que a ustedes. Háganlo así para que nada estorbe sus oraciones. *1 Pedro 3.7*

Esposos, amen a sus esposas y no las traten con aspereza. *Colosenses 3.19*

A las esposas

Esposas, estén sujetas a sus esposos como al Señor. *Efesios 5.22*

Ellas confiaban en Dios y se sometían a sus esposos. Así fue Sara, que obedeció a Abraham y le llamó "mi señor." Y ustedes son hijas de ella, si hacen el bien y no tienen miedo de nada. *1 Pedro 3.5–6*

A los padres

Ustedes, padres, no hagan enojar a sus hijos, sino más bien críenlos con disciplina e instrúyanlos en el amor al Señor. *Efesios 6.4; Colosenses 3.21*

A los hijos

Hijos, obedezcan a sus padres por amor al Señor, porque esto es justo. El primer mandamiento que contiene una promesa es éste: "Honra a tu padre y a tu madre, para que seas feliz y vivas una larga vida en la tierra." *Efesios 6.1–3*

A los trabajadores de toda clase

Esclavos, obedezcan ustedes a los que aquí en la tierra son sus amos. Háganlo con respeto, temor y sinceridad, como si estuvieran sirviendo a Cristo. Sírvanles, no solamente cuando ellos los están mirando, para quedar bien con ellos, sino como siervos de Cristo, haciendo de todo corazón la voluntad de Dios. Realicen su trabajo de buena gana, como un servicio al Señor y no a los hombres. Pues ya saben que cada uno, sea esclavo o libre, recibirá del Señor según lo que haya hecho de bueno. *Efesios 6.5–8*

A empleadores y supervisores

Ustedes, amos, pórtense del mismo modo con sus siervos, sin amenazas. Recuerden que tanto ustedes como ellos están sujetos al Señor que está en el cielo, y que él no hace diferencia entre una persona y otra. *Efesios 6.9*

A los jóvenes

De la misma manera, ustedes los jóvenes sométanse a la autoridad de los ancianos. Todos deben someterse unos a otros con humildad, porque: "Dios se opone a los orgullosos, pero ayuda con su bondad a los humildes". Humíllense, pues, bajo la poderosa mano de Dios, para que él los enaltezca a su debido tiempo. *1 Pedro 5.5–6*

A las viudas

La verdadera viuda, la que se ha quedado sola, pone su esperanza en Dios y no deja de rogar, orando día y noche. Pero la viuda que se entrega al placer, está muerta en vida. *1 Timoteo 5.5–6*

A todos los cristianos en general

Los mandamientos quedan comprendidos en estas palabras: "Ama a tu prójimo como a ti mismo." *Romanos 13.9*

Ante todo, recomiendo que se hagan peticiones, oraciones, súplicas y acciones de gracias a Dios por toda la humanidad. *1 Timoteo 2.1*

Lo suyo aprenda cada cual

y en casa nada podrá ir mal.

EL OFICIO DE LAS LLAVES

Aunque no es seguro que Lutero lo escribiera, el oficio de las llaves refleja su enseñanza, y fue incluido en El Catecismo Menor cuando él aún estaba vivo.

Cómo el jefe de familia debe enseñarlo sencillamente en su casa.

¿Qué es el oficio de las llaves?

El oficio de las llaves es el poder especial que nuestro Señor Jesucristo ha dado a su iglesia en la tierra de perdonar los pecados a los penitentes, y de no perdonar los pecados a los impenitentes mientras no se arrepientan.

¿Dónde está escrito esto?

Así escribe el evangelista San Juan en el capítulo veinte: "Y sopló sobre ellos, y les dijo: —Reciban el Espíritu Santo. A quienes ustedes perdonen los pecados, les quedarán perdonados; y a quienes no se los perdonen, les quedarán sin perdonar."

¿Qué crees según estas palabras?

Cuando los ministros debidamente llamados de Cristo, por su mandato divino, tratan con nosotros, especialmente cuando excluyen a los pecadores manifiestos e impenitentes de la congregación cristiana, y cuando absuelven a los que se arrepienten de sus pecados y prometen enmendarse, creo que esto es tan válido y cierto, también en el cielo, como si nuestro Señor Jesucristo mismo tratase con nosotros.

PREGUNTAS CRISTIANAS

con sus respuestas

formuladas por el Dr. Martín Lutero

para los que intentan comulgar

Estas preguntas cristianas, con sus respuestas, aparecieron por primera vez en una edición de El Catecismo Menor en 1551.

Después de la confesión e instrucción en los Diez Mandamientos, el Credo, el Padrenuestro, los sacramentos del Santo Bautismo y la Cena del Señor, el confesor preguntará, o uno a sí mismo:

¿Crees que eres pecador?

Sí, lo creo; soy pecador.

¿Cómo lo sabes?

Sé que soy pecador por los Diez Mandamientos, los cuales no he guardado.

¿Sientes pesar por tus pecados?

Sí, siento mucho haber pecado contra Dios.

¿Qué mereciste de Dios por tus pecados?

Merecí la ira y el desagrado de Dios, muerte temporal y eterna condenación.

¿Esperas ser salvo?

Sí, es mi esperanza entrar en la vida eterna.

¿En quién confías para tu salvación?

Confío en mi amado Señor Jesucristo.

¿Quién es Cristo?

Cristo es el Hijo de Dios, verdadero Dios y hombre.

¿Cuántos dioses hay?

Hay un solo Dios; mas hay tres personas: el Padre, el Hijo, y el Espíritu Santo.

¿Qué ha hecho Cristo por ti para que confíes en él?

Cristo murió por mí, derramando su sangre en la cruz para la remisión de mis pecados.

¿El Padre también murió por ti?

No; el Padre es Dios solamente, el Espíritu Santo también. Mas el Hijo es verdadero Dios y verdadero hombre: él murió por mí y derramó su sangre por mí.

¿Cómo lo sabes?

Lo sé por el santo evangelio y por las palabras del sacramento, y por su cuerpo y sangre que se me dan como prenda en la Santa Cena.

¿Cuáles son estas palabras?

El Señor Jesús, la noche en que fue entregado, tomó pan; y habiendo dado gracias, lo partió y dijo: "Tomen, coman, esto es mi cuerpo que por ustedes es partido. Hagan esto en memoria de mí."

Asimismo tomó también la copa, después de haber cenado, y habiendo dado gracias, les dio, diciendo: "Beban de ella todos, esta copa es el nuevo pacto en mi sangre, que por ustedes es derramada para remisión de los pecados. Hagan esto, todas las veces que beban, en memoria de mí."

¿Crees, pues, que en la Santa Cena está el verdadero cuerpo y sangre de Cristo?

Sí, lo creo.

¿Qué te hace creerlo?

Háceme creerlo la palabra de Cristo: Tomen, coman, esto es mi cuerpo; beban de ella todos, esto es mi sangre.

¿Qué debemos hacer cuando comemos su cuerpo y bebemos su sangre, recibiendo así la prenda de la promesa?

Debemos recordar y anunciar su muerte y el derramamiento de su sangre, así como él nos enseñó: Hagan esto, todas las veces que beban, en memoria de mí.

¿Por qué debemos recordar la muerte de Cristo y anunciarla?

Debemos aprender a creer que ninguna criatura ha podido expiar nuestros pecados, sino Cristo, verdadero Dios y verdadero hombre; y debemos aprender también a considerar con temor nuestros pecados y conocerlos en verdad como graves, y regocijarnos y consolarnos sólo en él, y por tal fe ser salvos.

¿Qué indujo a Cristo a morir por tus pecados y expiarlos?

Cristo murió por mí movido por su gran amor para con su Padre, para conmigo y los demás pecadores, como está escrito en Juan 15.13; Romanos 5.8; Gálatas 2.20; Efesios 5.2.

En fin, ¿por qué deseas comulgar?

En la Santa Cena quiero aprender a creer que Cristo murió por mis pecados, por el gran amor que tiene para conmigo; y quiero aprender también de él a amar a Dios y a mi prójimo.

¿Qué ha de amonestar y animar al cristiano a que comulgue con frecuencia?

Respecto a Dios, tanto el mandato como la promesa del Señor Jesucristo deben animar al cristiano a comulgar con frecuencia; y con respecto a sí mismo, la miseria que lo aflige debe impulsarlo, debido a lo cual se dan tal mandato, estímulo y promesa.

Pero, ¿qué debe hacer uno, si no siente esa miseria, ni tampoco ese hambre y sed por la Cena del Señor?

Al tal no se podrá aconsejar mejor que, en primer lugar, ponga su mano en su pecho y palpe si tiene todavía carne y sangre, y crea lo que las Sagradas Escrituras dicen en Gálatas 5.19 y Romanos 7.18.

En segundo lugar, debe mirar en torno de sí, para ver si está aún en el mundo, y debe pensar que no faltarán pecados y miserias, como dicen las Sagradas Escrituras en Juan 15.18; 16.20 y 1 Juan 2.15–16; 5.19.

En tercer lugar, seguramente tendrá también al diablo muy cerca de sí, quien con mentiras y asechanzas de día y noche no lo dejará en paz interior ni exteriormente, como lo describen las Sagradas Escrituras en Juan 8.44; 1 Pedro 5.8–9; Efesios 6.11–12; 2 Timoteo 2.26.

Fin del texto del Catecismo Menor de Lutero

UNA EXPLICACIÓN DEL CATECISMO MENOR

INTRODUCCIÓN

1. ¿Qué es el cristianismo?

El cristianismo es la vida y la salvación que Dios ha dado en y por medio de Jesucristo.

1 **Jn 14.6** Yo soy el camino, la verdad y la vida. Solamente por mí se puede llegar al Padre.

2 **Jn 17.3** Y la vida eterna consiste en que te conozcan a ti, el único Dios verdadero, y a Jesucristo, a quién tú enviaste.

3 **Hch 4.12** En ningún otro hay salvación, porque Dios no nos ha dado a conocer a ningún otro en el mundo por el cual podamos ser salvos.

4 **Hch 11.26** Fue en Antioquía donde por primera vez se les dio a los discípulos el nombre de cristianos.

5 **1 Jn 5.11-12** Este testimonio es que Dios nos ha dado vida eterna, y que esta vida está en su Hijo. El que tiene al Hijo de Dios, tiene también esta vida; pero el que no tiene al Hijo de Dios, no la tiene.

27

Nota: Al cristianismo se le llamó primeramente el "Nuevo Camino" (**Hch 9.2; 24.14,22**).

2. ¿Dónde se da a conocer la verdad de Dios acerca de nuestro Salvador Jesucristo?

Esta verdad se da a conocer en la Biblia: el Antiguo Testamento, que promete la llegada del Salvador, y el Nuevo Testamento, que habla del Salvador que ha venido.

6 **He 1.1-2** En tiempos Antiguos Dios habló a nuestros antepasados muchas veces y de muchas maneras por medio de los profetas. Ahora, en estos últimos tiempos, nos ha hablado por su Hijo.

7 **Lc 24.27** Luego se puso a explicarles todos los pasajes de las Escrituras que hablaban de él, comenzando por los libros de Moisés y siguiendo por todos los libros de los profetas.

8 **Jn 20.31** Pero éstas se han escrito para que ustedes crean que Jesús es el Mesías, el Hijo de Dios, y para que creyendo en él tengan vida.

9 **Ef 2.20** Ustedes son como un edificio levantado sobre los fundamentos que son los apóstoles y los profetas, y Jesucristo mismo es la piedra que corona el edificio.

10 **1 Jn 1.1** Les escribimos a ustedes acerca de aquello que ya existía desde el principio, de lo que hemos oído y de lo que hemos visto con nuestros propios ojos. Porque lo hemos visto y lo hemos tocado con nuestras manos. Se trata de la Palabra de vida.

3. ¿Por qué llamamos "Sagrada Escritura" a la Biblia?

La Biblia es la "Sagrada Escritura" porque Dios el Espíritu Santo dio, a los escritores que él había escogido, los pensamientos que debían expresar y las palabras que debían escribir (inspiración verbal). Por lo tanto, la Biblia es la palabra verdadera de Dios, sin error (inerrancia).

11 **Jn 10.35** Sabemos que lo que la Escritura dice, no se puede negar.

12 **Mr 8.38** Pues si alguno se avergüenza de mí y de mi mensaje delante de esta gente infiel y pecadora, también el Hijo del hombre se avergonzará de él cuando venga con la gloria de su Padre y con los santos ángeles.

13 **Jn 14.26** El Espíritu Santo, el Defensor que el Padre va a enviar en mi

nombre, les enseñará todas las cosas y les recordará todo lo que les he dicho.

14 **Hch 24.14** Pero lo que sí confieso es que sirvo al Dios de mis padres de acuerdo con el Nuevo Camino que ellos llaman una secta, porque creo todo lo que está escrito en los libros de la ley y de los profetas.

15 **2 Ti 3.16-17** Toda Escritura está inspirada por Dios y es útil para enseñar y reprender, para corregir y educar en una vida de rectitud, para que el hombre de Dios esté capacitado y completamente preparado para hacer toda clase de bien.

16 **2 Pe 1.21** Porque los profetas nunca hablaron por su propia voluntad; al contrario, eran hombres que hablaban de parte de Dios, dirigidos por el Espíritu Santo.

Nota: Dios hizo escribir el Antiguo Testamento en hebreo y arameo y el Nuevo Testamento en griego. Los errores de los copistas y traductores no son parte del texto inspirado de las Escrituras.

4. *¿Cuál es la clave para el correcto entendimiento de la Biblia?*

Jesucristo, el Salvador del mundo, es el corazón y centro de la Escritura, y por lo tanto la clave de su verdadero significado.

17 **Jn 5.39** Son las Escrituras las que hablan de mí.

18 **Hch 10.43** Todos los profetas habían hablado ya de Jesús, y habían dicho que quienes creen en él reciben por medio de él el perdón de los pecados.

19 **Jn 1.18** Nadie ha visto jamás a Dios; el Hijo único, que es Dios y que vive en íntima comunión con el Padre, es quien nos lo ha dado a conocer.

20 **2 Ti 3.15** Recuerda que desde niño conoces las Sagradas Escrituras, que pueden instruirte y llevarte a la salvación por medio de la fe en Cristo Jesús.

H.B. **Lc 24.13-27** Jesús se revela a sí mismo como el centro de las Escrituras.

5. *¿Cómo debemos usar la razón humana para entender las Sagradas Escrituras?*

A. Las Sagradas Escrituras están escritas en lenguaje humano. Para determinar lo que dicen, necesitamos aplicar las reglas del lenguaje, como la gramática, y de la lógica. Es correcto usar la razón como una herramienta para entender el texto, pero la guía del Espíritu Santo es esencial para entenderla correctamente.

21 **Sal 119.73** ¡Dame inteligencia para aprender tus mandamientos!

22 **Mt 13.19** Los que oyen el mensaje del reino de Dios y no lo entienden, son como la semilla que cayó en el camino; viene el maligno y les quita el mensaje sembrado en su corazón.

23 **Mt 22.37** Ama al Señor tu Dios con todo tu corazón, con toda tu alma y con toda tu mente.

24 **Hch 17.11** De buena gana recibieron el mensaje, y día tras día estudiaban las Escrituras para ver si era cierto lo que se les decía.

B. Como ningún otro libro, las Sagradas Escrituras son la palabra y la verdad de Dios. No se debe cuestionar o negar la veracidad del texto sagrado.

25 **Ro 3.4** Dios actúa siempre conforme a la verdad, aunque todo hombre sea mentiroso; pues la Escritura dice: "Serás tenido por justo en lo que dices, y saldrás vencedor cuando te juzguen."

26 **2 Co 10.5** Todo pensamiento humano lo sometemos a Cristo, para que le obedezca a él.

27 **Col 2.8** Tengan cuidado: no se dejen llevar por quienes los quieren engañar con teorías y argumentos falsos, pues ellos no se apoyan en Cristo.

28 **2 Pe 3.15-16** Acerca de esto también les ha escrito a ustedes nuestro querido hermano Pablo, según la sabiduría que Dios le ha dado. En cada una de sus cartas él les ha hablado de esto, aunque hay en ellas puntos difíciles de entender que los ignorantes y los débiles en la fe tuercen, como tuercen las demás Escrituras, para su propia condenación.

Nota: Véase **1 Co 1 y 2**

6. ¿Qué distinción básica hay que mantener para poder entender la Biblia?

En la Biblia debemos distinguir perfectamente entre la ley y el evangelio.

29 **Jn 1.17** La ley fue dada por medio de Moisés; el amor y la verdad se han hecho realidad por medio de Jesucristo.

30 **2 Co 3.6** La ley escrita condena a muerte, pero el Espíritu de Dios da vida.

7. ¿Qué enseña y obra Dios en la ley?

En la ley Dios ordena que hagamos buenas obras en pensamientos, palabras y obras, y condena el pecado.

31 **Mr 12.30-31** Ama al Señor tu Dios con todo tu corazón, con toda tu alma, con toda tu mente y con todas tus fuerzas. ...Ama a tu prójimo como a ti mismo.

32 **Jn 5.45** El que los acusa es Moisés mismo, en quien ustedes han puesto su esperanza.

33 **Ro 3.20** La ley solamente sirve para hacernos saber que somos pecadores.

8. ¿Qué enseña y obra Dios en el evangelio?

En el evangelio, las buenas noticias de nuestra salvación en Jesucristo, Dios nos da perdón, fe, vida, y el poder de agradarle con buenas obras.

34 **Jn 3.16** Pues Dios amó tanto al mundo, que dio a su Hijo único, para que todo aquel que cree en él no muera, sino que tenga vida eterna.

35 **Jn 6.63** Y las cosas que yo les he dicho son espíritu y vida.

36 **Ro 1.16** No me avergüenzo del mensaje del evangelio, porque es poder de Dios para que todos los que creen alcancen la salvación.

37 **Col 1.6** Este mensaje que les fue predicado está creciendo y dando fruto en todas partes del mundo, igual que ha sucedido entre ustedes desde que oyeron hablar del amor de Dios y supieron que este amor es verdadero.

9. ¿Cómo resume el Catecismo Menor la doctrina cristiana?

El Catecismo Menor resume la doctrina cristiana en seis partes principales: los Diez Mandamientos, el Credo, el Padrenuestro, el sacramento del Santo Bautismo, Confesión y Absolución, y el sacramento de la Cena del Señor.

10. ¿Qué es un catecismo?

Un catecismo es un libro de instrucción, generalmente en forma de preguntas y respuestas.

Nota: Catecúmeno quiere decir: uno que aprende.

11. *¿Quién escribió este Catecismo Menor?*

Martín Lutero, el reformador de la iglesia, en 1529.

12. *¿Por qué las seis partes principales del Catecismo Menor están tomadas sólo de la Biblia?*

Porque, como la palabra escrita de Dios, la Biblia es la única autoridad final para la fe y la vida cristiana.

38 **Mt 15.9** De nada sirve que me rindan culto; sus enseñanzas son mandatos de hombres.

39 **Gá 1.8** Pero si alguien les anuncia un mensaje de salvación distinto del que ya les hemos anunciado, caiga bajo maldición, no importa si se trata de mí mismo o de un ángel venido del cielo.

LOS DIEZ MANDAMIENTOS

13. ¿Qué son los Diez Mandamientos?

Los Diez Mandamientos son la ley de Dios.

Nota: Dios dio los mandamientos en este orden, pero no los enumeró (**Dt 5.6-21; Ex 2.1-17**).

40 **Lv 19.2** Sean ustedes santos, pues yo, el Señor su Dios, soy santo.

41 **Mi 6.8** El Señor ya te ha dicho, oh hombre, en qué consiste lo bueno y qué es lo que él espera de ti: que hagas justicia, que seas fiel y leal y que obedezcas humildemente a tu Dios.

42 **Dt 6.6-7** Grábate en la mente todas las cosas que hoy te he dicho, y enséñaselas continuamente a tus hijos; háblales de ellas, tanto en tu casa como en el camino, y cuando te acuestes y cuando te levantes.

Véase **Dt 10.4**

14. ¿Cuándo y cómo dio Dios esta ley?

Al crear al hombre, Dios le grabó la ley en el corazón, y más tarde la formuló en los Diez Mandamientos, escritos en dos tablas, dándola a conocer por medio de Moisés.

43 **Ro 2.14-15** Pero cuando los que no son judíos ni tienen la ley hacen por naturaleza lo que la ley manda, ellos mismos son su propia ley, pues muestran por su conducta que llevan la ley escrita en el corazón. Su propia conciencia lo comprueba, y sus propios pensamientos los acusarán o los defenderán.

H.B. **Ex 19 y 20** (La ley moral, eclesiástica y civil).

15. ¿Cuál es el resumen de la primera tabla?

44 **Mt 22.37** Ama al Señor tu Dios con todo tu corazón, y con toda tu alma y con toda tu mente.

16. ¿Cuál es el resumen de la segunda tabla?

45 **Mt 22.39** Ama a tu prójimo como a ti mismo.

17. ¿Cuál es el resumen de todos los Mandamientos en una palabra?

Amor.

46 **1 Ti 1.5** El propósito de esa orden es que nos amemos unos a otros con el amor que proviene de un corazón limpio, de una buena conciencia y de una fe sincera.

47 **Ro 13.10** En el amor se cumple perfectamente la ley.

18. ¿A quién se dirige Dios en cada uno de los Diez Mandamientos?

Dios se dirige a mí y a todas las demás personas.

LA PRIMERA TABLA

El amor a Dios

EL PRIMER MANDAMIENTO: Dios

No tengas otros dioses aparte de mí.

19. ¿Qué quiere decir esto?

Más que a todas las cosas debemos temer y amar a Dios y confiar en él.

20. ¿Qué nos prohibe Dios en el Primer Mandamiento?

Dios nos prohibe tener otros dioses (idolatría).

48 **Is 42.8** Yo soy el Señor, ése es mi nombre, y no permitiré que den mi gloria a ningún otro ni que honren a los ídolos en vez de a mí.

49 **Mt 4.10** Adora al Señor tu Dios, y sírvele sólo a él.

21. ¿Cuándo tiene la gente otros dioses?

Tiene otros dioses cuando confía y adora a una criatura como si fuera Dios; cuando cree en un dios que no es el Dios trino; cuando ama y confía más en una persona que en Dios.

50 **Sal 115.3-4** Nuestro Dios está en el cielo; él ha hecho todo lo que quiso. Los ídolos de los paganos son oro y plata, objetos que el hombre fabrica con sus manos.

51 **Mt 10.28** No tengan miedo de los que pueden darles muerte pero no pueden disponer de su destino eterno; teman más bien al que puede darles muerte y también puede destruirlos para siempre en el infierno.

52 **Mt 10.37** El que quiere a su padre o a su madre más que a mí, no merece ser mío; el que quiere a su hijo o a su hija más que a mí, no merece ser mío.

53 **Pr 3.5** Confía de todo corazón en el Señor y no en tu propia inteligencia.

54 **Jr 17.5** Maldito el que aparta de mí su corazón, que pone su confianza en los hombres y en ellos busca su apoyo.

55 **Ef 5.5** Pues ya saben que quien comete inmoralidades sexuales, o hace cosas impuras, o es avaro (que es una forma de idolatría), no puede tener parte en el reino de Cristo y de Dios.

56 **Fil 3.19** Su dios son sus propios apetitos, y sienten orgullo de lo que debería darles vergüenza. Sólo piensan en las cosas de este mundo.

57 **Sal 14.1** Los necios piensan que no hay Dios: todos se han pervertido; han hecho cosas horribles; ¡no hay nadie que haga lo bueno!

58 **Jn 5.23** Para que todos den al Hijo la misma honra que dan al Padre. El que no honra al Hijo, tampoco honra al Padre, que lo ha enviado.

H.B. **Ex 32** Israel adoró el becerro de oro. **Lc 16.19** El hombre rico pensó más en el lujo del vestido y en la extravagancia de la comida que en Dios. **Mt 19.16-22** El joven rico amó más a sus bienes que a Cristo.

22. ¿Qué nos ordena Dios en el Primer Mandamiento?

Más que a todas las cosas debemos temer y amar a Dios y confiar en él.

59 **Gn 17.1** Yo soy el Dios todopoderoso; vive una vida sin tacha delante de mí.

60 **Sal 33.8** Honren al Señor todos en la tierra; ¡hónrenlo todos los habitantes del mundo!

61 **Gn 39.9** ¿Cómo podría yo hacer algo tan malo, y pecar contra Dios?

62 **Sal 73.25-26** ¿A quién tengo en el cielo? ¡Sólo a ti! Estando contigo nada quiero en la tierra. Todo mi ser se consume, pero Dios es mi herencia eterna y el que sostiene mi corazón.

63 **Sal 42.11** ¿Por qué voy a desanimarme? ¿Por qué voy a estar preocupado? Mi esperanza he puesto en Dios, a quien todavía seguiré alabando. ¡Él es mi Dios y salvador!

64 **Sal 118.8** Es mejor confiar en el Señor que confiar en el hombre.

H.B. **Dn 3** Los tres hombres en el fuego temieron a Dios más que al rey. **Gn 22** Abraham amó más a Dios que a su hijo Isaac. **Dn 6** Daniel confió en Dios.

23. ¿Quién puede cumplir éste y todos los otros mandamientos?

Ninguna persona puede cumplir los mandamientos perfectamente. Sólo Jesús pudo hacerlo. Todos los que, por el poder del Espíritu Santo, tienen fe en él, se esfuerzan en cumplir estos mandamientos.

65 **Ec 7.20** No hay nadie en la tierra tan perfecto que haga siempre el bien y nunca peque.

66 **Jn 14.15** Si ustedes me aman, obedecerán mis mandamientos.

EL SEGUNDO MANDAMIENTO: El nombre de Dios

No hagas mal uso del nombre del Señor tu Dios.

24. ¿Qué quiere decir esto?

Debemos temer y amar a Dios de modo que no usemos su nombre para maldecir, jurar, hechizar, mentir o engañar, sino que lo invoquemos en todas las necesidades, lo adoremos, alabemos y le demos gracias.

25. ¿Por qué decimos en éste y en los mandamientos que siguen que debemos temer y amar a Dios?

Porque del temor y amor a Dios debe emanar el cumplimiento de todos los demás mandamientos.

26. ¿Qué es el nombre de Dios?

El nombre de Dios es Dios mismo, así como él se nos ha manifestado.

67 **Sal 48.10** Oh Dios, por toda la tierra eres alabado como corresponde a tu nombre. Con tu poder haces plena justicia.

27. ¿Qué nos prohibe Dios en el Segundo Mandamiento?

No debemos tomar el nombre de Dios en vano; y en particular no debemos maldecir, jurar, hechizar, mentir o engañar en su nombre.

28. ¿Qué es maldecir en el nombre de Dios?

Maldecir es blasfemar a Dios, o invocar sobre uno mismo o sobre otros la ira y el castigo de Dios.

68 **Lv 24.15-16** El que ofenda y maldiga el nombre del Señor su Dios, tendrá que cargar con su pecado y será muerto a pedradas por toda la comunidad. Tanto si es extranjero como si es natural del país, si ofende el nombre del Señor, será condenado a muerte.

69 **Gá 6.7** No se engañen ustedes: nadie puede burlarse de Dios. Lo que se siembra se cosecha.

70 **Stg 3.9-10** Con la lengua, lo mismo bendecimos a nuestro Dios y Padre, que maldecimos a los hombres creados por Dios a su propia imagen. De la misma boca salen bendiciones y maldiciones. Hermanos míos, esto no debe ser así.

H.B. **Lv 24.10-16** El hijo de Selomit pronunció el nombre de Dios y maldijo. **1 S 17.43** Goliat maldijo a David. **Mt 26.74** Pedro juró y perjuró. **Mt 27.25** Los judíos invocaron la sangre de Jesús sobre sí mismos y sobre sus hijos. **2 S 16.13** Simei maldijo.

29. ¿Qué es jurar en el nombre de Dios?

Jurar en el nombre de Dios es invocar a Dios como testigo de verdades y vengador de falsedades.

71 **2 Co 1.23** Pero si todavía no he ido a Corinto, como pensaba, pongo a Dios por testigo de que ha sido por consideración a ustedes.

30. ¿Qué clase de juramento prohibe Dios?

Dios prohibe todo juramento falso, blasfemo y frívolo, como también el jurar en cosas inciertas.

72 **Mt 5.33-37** También han oído ustedes que se dijo a los antepasados: No dejes de cumplir lo que hayas ofrecido al Señor bajo juramento. Pero yo les digo que no juren por ninguna razón. No juren por el cielo, porque es el trono de Dios; ni por la tierra, porque es el estrado de sus pies; ni por Jerusalén, porque es la ciudad del gran Rey. Ni juren ustedes tampoco por su propia cabeza, porque no pueden hacer blanco o negro ni un solo cabello. Si dicen sí, que sea sí; si dicen no, que sea no, pues lo que se aparta de esto, es malo.

H.B. **Mt 26.72** Pedro jura falsa y blasfemamente. **Mt 14.6-9** Herodes juró frívolamente y en cosas inciertas. **Hch 23.12** Los judíos hicieron voto blasfemo en cosas inciertas.

31. ¿Qué manera de jurar permite y hasta ordena Dios?

Dios permite todo juramento exigido por la gloria de Dios y el bienestar de nuestro prójimo.

73 **Dt 6.13** Cuando tengan que hacer un juramento, háganlo sólo en el nombre del Señor.

74 **He 6.16** Cuando los hombres juran, lo hacen por alguien superior a ellos mismos; y cuando garantizan algo mediante un juramento, ya no hay más que discutir.

H.B. **Mt 26.63-64** Jesús jura ser el Cristo, el Hijo de Dios. **Gn 24.13** El criado de Abraham juró buscar una mujer piadosa para Isaac.

32. ¿Qué es hechizar en el nombre de Dios?

Hechizar en el nombre de Dios es usar el nombre de Dios o su Palabra sin mandato o promesa divina para ejecutar cosas sobrenaturales, tales como la magia, el sortilegio, consultas a los muertos y similares artes satánicas.

75 **Dt 18.10-12** Que nadie de ustedes ofrezca en sacrificio a su hijo

haciéndolo pasar por el fuego, ni practique la adivinación, ni pretenda predecir el futuro, ni se dedique a la hechicería, ni a los encantamientos, ni consulte a los adivinos y a los que invocan a los espíritus, ni consulte a los muertos. Porque al Señor le repugnan los que hacen estas cosas. Y si el Señor su Dios arroja de la presencia de ustedes a estas naciones, es precisamente porque tienen esas horribles costumbres.

H.B. **Ex 7 y 8** Los magos egipcios hicieron cosas sobrenaturales con sus encantamientos. **1 S 28** La adivina de Endor hacía adivinaciones. **Hch 19.19** Los creyentes de Efeso quemaron los libros de magia.

33. ¿Qué es mentir o engañar en el nombre de Dios?

Mentir o engañar en el nombre de Dios es enseñar una falsa doctrina y decir que es enseñanza de Dios. Es también llevar una vida impía y decir que uno es cristiano.

76 **Jr 23.31** Me declaro contra esos profetas que hacen pasar como mensaje mío cosas que ellos inventan.

77 **Mt 15.8** Este pueblo me honra con la boca, pero su corazón está lejos de mí.

78 **Mt 7.21** No todos los que me dicen: Señor, Señor, entrarán en el reino de Dios, sino solamente los que hacen la voluntad de mi Padre celestial.

H.B. **Hch 5** Ananías y Safira escondieron su falta de fe bajo supuestas obras de caridad. **Mt 23** Los fariseos y escribas eran hipócritas.

34. ¿Qué nos ordena Dios en el Segundo Mandamiento?

Dios ordena invocar su nombre en todas las necesidades, orar, alabar y darle gracias.

79 **Sal 50.15** Llámame cuando estés angustiado; yo te libraré, y tú me honrarás.

80 **Mt 7.7** Pidan, y Dios les dará; busquen, y encontrarán; llamen a la puerta, y se les abrirá.

81 **Sal 118.1** Den gracias al Señor, porque él es bueno, porque su amor es eterno.

82 **Col 3.17** Y todo lo que hagan o digan, háganlo en el nombre del Señor Jesús, dando gracias a Dios el Padre por medio de él.

H.B. **1 S 1 y 2** Ana invocó a Dios y le dio gracias.

EL TERCER MANDAMIENTO: La palabra de Dios

Acuérdate del día de reposo, para consagrarlo al Señor.

35. ¿Qué quiere decir esto?

Debemos temer y amar a Dios de modo que no despreciemos la predicación y su palabra, sino que la consideremos santa, la oigamos y aprendamos con gusto.

36. ¿Exige este mandamiento que guardemos el sábado y las fiestas, como los guardaba el pueblo de Dios en el Antiguo Testamento?

El Tercer Mandamiento no exige guardar determinados días; porque en el Nuevo Testamento el mismo Dios abolió todo esto.

83 **Mt 12.8** El Hijo del hombre tiene autoridad sobre el día de reposo.

84 **Col 2.16-17** Por tanto, que nadie los critique a ustedes por lo que comen o beben, o por cuestiones tales como días de fiesta, lunas nuevas o días de reposo. Todo esto no es más que la sombra de lo que ha de venir, pero la realidad misma es Cristo.

37. ¿Por qué, pues, celebramos el domingo y otras fiestas?

Celebramos el domingo y otras fiestas, no por mandato divino, sino con el objeto de tener tiempo y oportunidad de concurrir al culto público.

85 **He 10.25** No dejemos de asistir a nuestras reuniones, como hacen algunos, sino démonos ánimos unos a otros; y tanto más cuanto que vemos que el día del Señor se acerca.

86 **Hch 2.42** Todos seguían firmes en lo que los apóstoles les enseñaban, y compartían lo que tenían, y oraban y se reunían para partir el pan.

38. ¿Qué nos prohíbe Dios en el Tercer Mandamiento?

Dios prohíbe despreciar la predicación y su palabra.

39. ¿Cómo se hace esto?

Despreciamos la palabra de Dios cuando no asistimos nunca a la predicación y dejamos de usar la palabra escrita y los sacramentos, o cuando lo hacemos irregular o descuidadamente.

87 **Jn 8.47** El que es de Dios, escucha las palabras de Dios; pero como ustedes no son de Dios, no quieren escuchar.

88 **Lc 10.16** El que los escucha a ustedes, me escucha a mí; y el que los rechaza a ustedes, me rechaza a mí, y el que me rechaza a mí, rechaza al que me envió.

89 **Stg 1.22** Pero no basta con oír el mensaje; hay que ponerlo en práctica, pues de lo contrario se estarían engañando ustedes mismos.

H.B. **Lc 7.30** Los escribas y fariseos no se dejaron bautizar.

40. ¿Qué nos ordena Dios en el Tercer Mandamiento?

Dios ordena considerar santa la predicación y su palabra, oírla y aprenderla de buena voluntad.

90 **Is 66.2** El hombre en quien yo me fijo es el pobre y afligido que respeta mi palabra.

91 **Ec 5.1** Cuando vayas al templo de Dios, cuida tu conducta: en vez de ofrecer sacrificios como la gente tonta que no se da cuenta de que hace mal, acércate dispuesto a obedecer.

92 **Sal 26.6-8** Lavadas ya mis manos y limpias de pecado, quiero, Señor, acercarme a tu altar, y entonar cantos de alabanza, y proclamar tus maravillas. Yo amo, Señor, el templo donde vives, el lugar donde reside tu gloria.

93 **1 Ts 2.13** Pues cuando ustedes escucharon el mensaje de Dios que nosotros les predicamos, lo recibieron realmente como mensaje de Dios y no como mensaje de hombres. Y en verdad es el mensaje de Dios, el cual produce sus resultados en ustedes los que creen.

94 **Col 3.16** Que el mensaje de Cristo esté siempre presente en sus corazones. Instrúyanse y anímense unos a otros con toda sabiduría. Con profunda gratitud canten a Dios salmos, himnos y canciones espirituales.

95 **Lc 11.28** ¡Dichosos más bien quienes escuchan lo que Dios dice, y le obedecen!

96 **Gá 6.6** El que recibe instrucción en el mensaje del evangelio, debe compartir con su maestro toda clase de bienes.

H.B. **1 S 1 y 2** Ana, la madre de Samuel, frecuentaba el templo. **Lc 2.41-52** El niño Jesús estaba en la casa de su Padre. **Lc 2.36-38** Ana, la profetisa, no se apartaba del templo. **Lc 2.51** La madre de Jesús guardaba la palabra en su corazón. **Lc 10.39** María, la hermana de Marta, escogió la buena parte.

LA SEGUNDA TABLA

El amor al prójimo

41. ¿Quién es nuestro prójimo?

Nuestro prójimo es todo aquel que necesita nuestro amor.

97 **Gá 6.10** Por eso, siempre que podamos, hagamos bien a todos, y especialmente a nuestros hermanos en la fe.

98 **Mt 5.44-45** Pero yo les digo: Amen a sus enemigos, y oren por quienes los persiguen. Así ustedes serán hijos de su Padre que está en el cielo; pues él hace que su sol salga sobre malos y buenos, y manda la lluvia sobre justos e injustos.

H.B. **Lc 10.25-37** El buen samaritano fue bueno con su prójimo.

EL CUARTO MANDAMIENTO: Los representantes de Dios

Honra a tu padre y a tu madre.

42. ¿Qué quiere decir esto?

Debemos temer y amar a Dios de modo que no despreciemos ni irritemos a nuestros padres y superiores, sino que los honremos, les sirvamos, obedezcamos, los amemos y tengamos en alta estima.

43. ¿Quiénes son nuestros padres y superiores?

Padres y superiores son nuestro padre y madre, y todos aquellos que por ordenanza divina tienen autoridad sobre nosotros en el hogar, gobierno, escuela e iglesia.

H.B. **Gn 41.43** José fue honrado por los egipcios. **2 R 2.12** Eliseo llama a Elías padre. **1 Co 5.15** El apóstol Pablo engendró espiritualmente a los creyentes en Corinto.

44. ¿Qué nos prohíbe Dios en el Cuarto Mandamiento?

Dios nos prohíbe despreciar o irritar a nuestros padres y superiores. Los despreciamos cuando no respetamos su dignidad y voluntad, y los irritamos cuando los hacemos enojar por desobediencia o cualquiera otra maldad.

99 **Pr 30.17** El que mira a su padre con desprecio y se burla de su madre anciana, merece que los cuervos le saquen los ojos y que las águilas lo devoren.

100 **Ro 13.2** Así que quien se opone a la autoridad, va en contra de lo que Dios ha ordenado.

101 **1 Pe 2.18** Sirvientes, sométanse con todo respeto a sus amos, no solamente a los buenos y comprensivos sino también a los malos.

H.B. **1 S 2.12** Los hijos de Elí afligieron a su padre por su conducta. **2 S 15** Absalón se rebeló contra su padre y rey. **2 R 2.23-24** Los muchachos de Betel se burlaron de Eliseo.

45. ¿Qué nos ordena Dios en el Cuarto Mandamiento?

Dios nos ordena honrar a nuestros padres y superiores, servirles, obedecerles y estimarles en gran manera. Los honramos cuando de todo corazón los consideramos representantes de Dios; les servimos cuando espontáneamente hacemos por ellos lo que podemos; les obedecemos cuando cumplimos con su voluntad en todo lo que Dios les ha dado autoridad sobre nosotros; y les estimamos en gran manera cuando los consideramos como un don precioso de Dios.

102 **Ef 6.2-3** El primer mandamiento que contiene una promesa es éste: Honra a tu padre y a tu madre, para que seas feliz y vivas una larga vida en la tierra.

103 **Col 3.20** Hijos, obedezcan en todo a sus padres, porque esto agrada al Señor.

104 **Pr 23.22** Atiende a tu padre, que te engendró; no desprecies a tu madre cuando sea anciana.

105 **1 Ti 5.4** Pero si una viuda tiene hijos o nietos, ellos son los que primero deben aprender a cumplir sus obligaciones con los de su propia familia y a corresponder al amor de sus padres, porque esto es bueno y agrada a Dios.

106 **He 13.17** Obedezcan a sus dirigentes y sométanse a ellos, porque ellos cuidan sin descanso de ustedes, sabiendo que tienen que rendir cuentas a Dios. Procuren hacerles el trabajo agradable y no penoso, pues lo contrario no sería de ningún provecho para ustedes.

107 **Ro 13.1** Todos deben someterse a las autoridades establecidas. Porque no hay autoridad que no venga de Dios, y las que hay, fueron puestas por él.

108 **Lv 19.32** Ponte de pie y muestra respeto ante los ancianos.

109 **Hch 5.29** Es nuestro deber obedecer a Dios antes que a los hombres.

H.B. **Gn 46.29** José honró a su padre. **Rt 1.16** Rut rehusó abandonar a Noemí. **1 R 2.19** Salomón demostró respeto a Betsabé. **Lc 2.51** Jesús estaba sujeto a sus padres. **Jn 19.26** Jesús encomendó a su madre a Juan.

EL QUINTO MANDAMIENTO: La vida es un don de Dios

No mates.

46. ¿Qué quiere decir esto?

Debemos temer y amar a Dios de modo que no hagamos daño o mal material alguno a nuestro prójimo en su cuerpo, sino que le ayudemos y hagamos prosperar en todas las necesidades de su vida.

47. ¿Qué nos prohibe Dios en el Quinto Mandamiento?

Dios nos prohibe hacerle daño a nuestro prójimo o amargarle la vida, esto es, hacer o decir cosa alguna por la cual se destruya, acorte o amargue su vida; tampoco debemos guardar ira u odio contra el prójimo en nuestro corazón.

110 **Gn 9.6** Si alguien mata a un hombre, otro hombre lo matará a él, pues el hombre ha sido creado parecido a Dios mismo.

111 **Mt 26.52** Porque todos los que pelean con la espada, también a espada morirán.

112 **Ro 13.4** Porque no en vano la autoridad lleva la espada, ya que está al servicio de Dios para dar su merecido al que hace lo malo.

113 **Ro 12.19** Queridos hermanos, no tomen venganza ustedes mismos, sino dejen que Dios sea quien castigue; porque la Escritura dice: A mí me

corresponde hacer justicia; yo pagaré, dice el Señor.

114 **Mt 5.21-22** Ustedes han oído que a sus antepasados se les dijo: No mates, pues el que mate será condenado. Pero yo les digo que cualquiera que se enoje con su hermano, será condenado. Al que insulte a su hermano, lo juzgará la Junta Suprema; y el que injurie gravemente a su hermano, se hará merecedor del fuego del infierno.

115 **1 Jn 3.15** Todo el que odia a su hermano es un asesino, y ustedes saben que ningún asesino puede tener vida eterna en sí mismo.

116 **Mt 15.19** Porque del interior del hombre salen los malos pensamientos, los asesinatos, el adulterio, la inmoralidad sexual, los robos, las mentiras y los insultos.

H.B. **Gn 4.8** Caín mató a su hermano Abel. **Gn 37.31-34** Los demás hijos de Jacob perseguían a José. **2 S 11.15** David mandó matar a Urías. **Mt 26.51** Pedro le cortó la oreja a Malco. **Jr 18.18** Se puede herir a uno con insultos. **Hch 7.54** Los judíos crujían los dientes contra Esteban.

EL ABORTO

La formación de un nuevo individuo comienza en el momento de la fecundación. Dios, en el quinto mandamiento, nos exige el respeto y la preservación de la vida de nuestro prójimo. Tengamos en cuenta, por lo tanto, que Dios valora la vida humana en cualquier etapa de su desarrollo.

117 **Jr 1.5** Antes de darte la vida, ya te había yo escogido; antes de que nacieras, ya te había yo apartado.

118 **Sal 139.13** Tú fuiste quien formó todo mi cuerpo; tú me formaste en el vientre de mi madre.

119 **Sal 139.15-16** No te fue oculto el desarrollo de mi cuerpo mientras yo era formado en lo secreto, mientras era formado en lo más profundo de la tierra. Tus ojos vieron mi cuerpo en formación; todo eso estaba escrito en tu libro. Habías señalado los días de mi vida cuando aún no existía ninguno de ellos.

LA EUTANASIA

Los ancianos, las personas retardadas o con otras incapacidades, son seres humanos de mucho valor ante Dios. Por lo tanto, sólo Dios puede terminar con sus vidas.

120 **Pr 6.16-17** Hay seis cosas, y hasta siete, que el Señor aborrece por completo: los ojos altaneros, la lengua mentirosa, las manos que asesinan a gente inocente.

121 **Pr 31.8** Levanta la voz por los que no tienen voz; ¡defiende a los indefensos!

122 **Hch 17.25** ...pues él es quien nos da a todos la vida, el aire y las demás cosas.

EL SUICIDIO

Así como mi vida es un regalo precioso que Dios me ha dado; el momento y las circunstancias de mi muerte son decisiones que le corresponden sólo a Dios, mi Padre y creador.

123 **Jr 31.3** Yo te he amado con amor eterno; por eso te sigo tratando con bondad.

124 **Lc 12.22-23** "Esto les digo: No se preocupen por lo que han de comer para vivir, ni por la ropa que han de ponerse. La vida vale más que la comida, y el cuerpo más que la ropa."

48. ¿Qué nos ordena Dios en el Quinto Mandamiento?

Dios nos ordena ayudar a nuestro prójimo y protegerlo en todo peligro y necesidad. Debemos ser amorosos, pacientes y perdonadores con él.

125 **Is 58.7** Que compartas tu pan con el hambriento y recibas en tu casa al pobre sin techo; en que vistas al que no tiene ropa y no dejes de socorrer a tus semejantes.

126 **Ro 12.20** Si tu enemigo tiene hambre, dale de comer; y si tiene sed, dale de beber; así harás que le arda la cara de vergüenza.

127 **Mt 5.7** Dichosos los que tienen compasión de otros, pues Dios tendrá compasión de ellos.

128 **Mt 5.25** Si alguien te demanda y te quiere llevar a juicio, procura ponerte de acuerdo con él mientras todavía estés a tiempo, para que no te entregue al juez; porque si no, el juez te entregará a los guardias y te meterán en la cárcel.

H.B. **Gn 14.1** Abraham libró a Lot. **1 S 26** David le perdonó la vida a Saúl. **Lc 10.33** El buen samaritano tuvo misericordia. **Mt 25.31-46** "Tuve hambre y me diste de comer..."

EL SEXTO MANDAMIENTO: El matrimonio es un don de Dios

No cometas adulterio.

49. ¿Qué quiere decir esto?

Debemos temer y amar a Dios de modo que llevemos una vida casta y decente en palabras y en obras, y que cada uno ame y honre a su cónyuge.

50. ¿Cómo llevamos una vida sexual pura y decente?

Llevamos una vida sexualmente decente cuando consideramos la sexualidad como un don de Dios, y honramos al matrimonio como una institución de Dios. El matrimonio es la unión de un hombre y una mujer para toda la vida.

129 **Gn 1.27,31** Cuando Dios creó al hombre, lo creó parecido a Dios mismo; hombre y mujer lo creó. ...y Dios vio que todo lo que había hecho estaba muy bien.

130 **Gn 2.24** Por eso el hombre deja a su padre y a su madre para unirse a su esposa, y los dos llegan a ser como una sola persona.

51. ¿Qué prohibe Dios en el Sexto Mandamiento?

Dios prohibe el divorcio, excepto por infidelidad conyugal (adulterio o abandono). También prohibe las relaciones sexuales fuera del matrimonio, la homosexualidad, las obsenidades y la pornografía.

131 **Mt 19.6** Así que ya no son dos, sino uno solo. De modo que el hombre no debe separar lo que Dios ha unido.

132 **Mt 19.9** Yo les digo que el que se divorcia de su esposa, a no ser por motivo de inmoralidad sexual, y se casa con otra, comete adulterio.

133 **Ef 5.3-4** Ustedes, que pertenecen al pueblo de Dios, no deben ni

siquiera hablar de la inmoralidad sexual ni de ninguna otra clase de impureza o de avaricia. No digan indecencias ni tonterías ni vulgaridades, porque estas cosas no convienen; más bien alaben a Dios.

134 **Ef 5.12** Pues hasta vergüenza da hablar de lo que ellos hacen en secreto.

135 **2 Pe 2.14** No pueden ver a una mujer sin desearla; no se cansan de pecar. Seducen a las almas débiles; son expertos en avaricia; son gente maldita.

136 **Mt 5.27-28** Ustedes han oído que antes se dijo: No cometas adulterio. Pero yo les digo que cualquiera que mira con deseo a una mujer, ya cometió adulterio con ella en su corazón.

137 **He 13.4** Que todos respeten el matrimonio y mantengan la pureza de sus relaciones matrimoniales; porque Dios juzgará a los que cometen inmoralidades sexuales y a los que cometen adulterio.

H.B. **2 S 11** David cometió adulterio. **Mt 14** Herodes vivía con la mujer de su hermano.

52. ¿Qué nos ordena Dios en el Sexto Mandamiento?

Dios nos ordena evitar las tentaciones a los pecados sexuales, y ser limpios en pensamientos y palabras. A los esposos les ordena que se amen, se respeten y se honren mutuamente.

138 **Ro 13.13** Actuemos con decencia, como en pleno día. No andemos en borracheras y banquetes ruidosos, ni en inmoralidades y vicios, ni en discordias y envidias.

139 **Ef 4.29** No digan malas palabras, sino sólo palabras buenas y oportunas que ayuden a crecer y traigan bendición a quienes las escuchen.

140 **1 Co 6.19** ¿No saben ustedes que su cuerpo es templo del Espíritu Santo que Dios les ha dado, y que el Espíritu Santo vive en ustedes?

141 **1 Co 6.18** Huyan, pues, de la inmoralidad sexual.

142 **1 Ti 5.22** Evita todo lo malo.

143 **2 Ti 2.22** Huye, pues, de las pasiones de la juventud.

H.B. **Gn 39** José huyó de la mujer de Potifar.

Nota: Véase la Tabla de Deberes en el Catecismo Menor.

EL SÉPTIMO MANDAMIENTO: Los bienes son un don de Dios

No robes.

53. ¿Qué quiere decir esto?

Debemos temer y amar a Dios de modo que no quitemos el dinero o los bienes de nuestro prójimo, ni nos apoderemos de ellos con mercaderías o negocios falsos, sino que le ayudemos a mejorar y conservar sus bienes y medios de vida.

54. ¿Qué prohibe Dios en el Séptimo Mandamiento?

Dios prohibe todo tipo de robo, hurto, usura, fraude y toda forma de deshonestidad para conseguir cosas.

144 **Ef 4.28** El que robaba deje de robar, y póngase a trabajar, realizando un buen trabajo con sus manos para que tenga algo que dar a los necesitados.

145 **Lv 19.35-36** No hagan trampa en la exactitud de las medidas lineales, de peso o de capacidad. Deben usar balanzas, pesas y medidas exactas.

146 **Lv 25.36** No le quites nada ni le cargues intereses sobre los préstamos que le hagas; al contrario, muestra temor por tu Dios y acomoda a tu compatriota en tu casa.

147 **Jr 22.13** ¡Ay de ti, que a base de maldad e injusticias construyes tu palacio y tus altos edificios, que haces trabajar a los demás sin pagarles sus salarios!

148 **2 Ts 3.10** El que no quiera trabajar, que tampoco coma.

149 **Sal 37.21** El malvado pide prestado y no paga, pero el hombre bueno es compasivo y generoso.

H.B. **Lc 10.30** El viajero fue despojado. **Jos 7** Acán hurtó. **2 R 5** Giezi defraudó a Naamán.

55. ¿Qué nos ordena Dios en el Séptimo Mandamiento?

Dios nos ordena ayudar a nuestro prójimo a conservar y mejorar sus bienes y medios de vida, y ayudarlo en toda necesidad.

150 **Mt 5.42** A cualquiera que te pida algo, dáselo; y no le vuelvas la espalda al que te pida prestado.

151 **1 Jn 3.17** Pues si uno es rico y ve que su hermano necesita ayuda, pero no se la da, ¿cómo puede tener amor de Dios en su corazón?

152 **He 13.16** No se olviden ustedes de hacer el bien y de compartir con otros lo que tienen; porque éstos son los sacrificios que agradan al Señor.

H.B. **Gn 13.1-12** Abraham permitió a Lot escoger el mejor sitio. **Lc 19.8** Zaqueo devolvió cuatro veces lo que había defraudado.

EL OCTAVO MANDAMIENTO: El buen nombre es un don de Dios

No digas mentiras en perjuicio de tu prójimo.

56. ¿Qué quiere decir esto?

Debemos temer y amar a Dios de modo que no mintamos contra nuestro prójimo, ni le traicionemos, ni le calumniemos, ni le difamemos, sino que le disculpemos, hablemos bien de él e interpretemos todo en el mejor sentido.

57. ¿Qué nos prohibe Dios en el Octavo Mandamiento?

Dios nos prohibe mentir acerca de nuestro prójimo, sea dando falso testimonio o encubriendo la verdad. También nos prohibe revelar los secretos de nuestro prójimo y hablar mal de él.

153 **Ef 4.25** Por lo tanto, ya no mientan más, sino diga cada uno la verdad a su prójimo, porque todos somos miembros de un mismo cuerpo.

154 **Pr 19.5** El testigo falso no quedará sin castigo; el mentiroso no saldrá bien librado.

155 **Pr 11.13** El chismoso todo lo cuenta; el discreto guarda el secreto.

156 **Stg 4.11** Hermanos, no hablen mal unos de otros. El que habla mal de su hermano, o lo juzga, habla mal de la ley y la juzga. Y si juzgas a la ley, te haces juez de ella en vez de obedecerla.

157 **Lc 6.37** No juzguen a otros, y Dios no los juzgará a ustedes.

158 **Mt 18.15** Si tu hermano te hace algo malo, habla con él a solas y hazle reconocer su falta.

H.B. **2 S 15.1-6** Absalón habló mal de su padre. **2 R 5.25** Giezi mintió. **1 R**

21.13 Los testigos contaron falsedades contra Nabot. **Mt 26.59-61** Los testigos tergiversaron las palabras de Jesús. **1 S 22.6-19** Doeg delató a los sacerdotes. **Mt 26.14** Judas entregó a Jesús.

58. ¿Qué nos ordena Dios en el Octavo Mandamiento?

Dios nos ordena disculpar a nuestro prójimo, hablar bien de él e interpretar todo en el mejor sentido.

159 **Pr 31.8-9** Levanta tu voz por los que no tienen voz; ¡defiende a los indefensos! Levanta la voz, y hazles justicia; ¡defiende a los pobres y a los humildes!

160 **1 Pe 4.8** Haya sobre todo mucho amor entre ustedes, porque el amor perdona muchos pecados.

161 **1 Co 13.7** Tener amor es sufrirlo todo, creerlo todo, esperarlo todo, soportarlo todo.

H.B. **1 S 19.4** Jonatán habló bien de David. **Lc 7.4-5** La gente de Capernaúm habló bien del oficial romano.

EL NOVENO MANDAMIENTO: estar satisfecho es un don de Dios

No codicies la casa de tu prójimo.

59. ¿Qué quiere decir esto?

Debemos temer y amar a Dios de modo que no tratemos de obtener con astucia la herencia o la casa de nuestro prójimo, ni nos apoderemos de ellas con apariencia de derecho, sino que le ayudemos y cooperemos con él en la conservación de lo que le pertenece.

60. ¿Qué es la codicia?

La codicia es el deseo pecaminoso de tener algo o alguien que le pertenece a nuestro prójimo.

162 **Mt 15.19** Porque del interior del hombre salen los malos pensamientos, los asesinatos, el adulterio, la inmoralidad sexual, los robos, las mentiras y los insultos.

61. ¿Qué forma de codicia nos prohibe Dios en el Noveno Mandamiento?

Dios nos prohibe todo deseo pecaminoso de obtener abierta y engañosamente los bienes de nuestro prójimo.

163 **Is 5.8** ¡Ay de ustedes, que compran casas y más casas, que consiguen campos y más campos, hasta no dejar lugar a nadie más, y se instalan como si fueran los únicos en el país!

164 **1 Ti 6.8-10** Si tenemos qué comer y con qué vestirnos, ya nos podemos dar por satisfechos. En cambio, los que quieren hacerse ricos no resisten la prueba, y caen en la trampa de muchos deseos insensatos y perjudiciales, que hunden a los hombres en la ruina y la condenación. Porque el amor al dinero es raíz de toda clase de males; y hay quienes, por codicia, se han desviado de la fe y han llenado de sufrimiento sus propias vidas.

H.B. **1 R 21.1-16** Acab le quitó la viña a Nabot alegando un derecho que no tenía.

62. ¿Qué nos ordena Dios en el Noveno Mandamiento?

Dios nos ordena ayudar a nuestro prójimo y cooperar con él en la conservación de lo que le pertenece.

165 **Fil 2.4** Ninguno busque únicamente su propio bien, sino también el bien de los otros.

166 **Gá 5.13** Ustedes, hermanos, fueron llamados a ser libres. Pero no usen esta libertad para dar rienda suelta a sus instintos. Más bien sírvanse los unos a los otros por amor.

EL DÉCIMO MANDAMIENTO: estar satisfecho es un don de Dios

No codicies la mujer de tu prójimo, ni su esclavo o su esclava, ni su buey ni su asno, ni nada que le pertenezca.

63. ¿Qué quiere decir esto?

Debemos temer y amar a Dios de modo que no le quitemos al prójimo su mujer, sus criados o sus animales, ni los alejemos, ni hagamos que lo abandonen, sino que los instemos a que permanezcan con él y cumplan con sus obligaciones.

64. ¿Qué forma de codicia nos prohibe Dios en el Décimo Mandamiento?

Dios nos prohibe tener el deseo pecaminoso de quitarle al prójimo su cónyuge o sus empleados.

167 **Ro 13.9** No codicies.

168 **Lc 12.15** Cuídense ustedes de toda avaricia; porque la vida no depende del poseer muchas cosas.

65. ¿Qué nos ordena Dios en el Décimo Mandamiento?

Dios nos ordena estar satisfechos con las personas que Dios puso a nuestro lado, y ayudar a ser fieles a aquéllas que están con nuestro prójimo.

H.B. **Flm** Pablo devolvió a Onésimo a su amo Filemón.

66. ¿Qué nos recuerda el Señor en particular al repetir en los últimos dos mandamientos: "No codiciarás"?

A la vista de Dios la codicia en sí es un verdadero pecado. En nuestros corazones no debemos tener codicia, sino deseos santos, y amor a Dios y a todo lo que es bueno.

169 **Ro 7.7** ¿Vamos a decir por esto que la ley es pecado? ¡Claro que no! Sin embargo, de no ser por la ley, yo no hubiera sabido lo que es el pecado. Jamás habría sabido lo que es codiciar, si la ley no hubiera dicho: "No codicies."

170 **Stg 1.14-15** Uno es tentado por sus propios malos deseos, que lo atraen y lo seducen. De estos malos deseos nace el pecado; y del pecado, cuando llega a su completo desarrollo, nace la muerte.

171 **Mt 5.48** Sean ustedes perfectos, como su Padre que está en el cielo es perfecto.

172 **Sal 37.4** Ama al Señor con ternura, y él cumplirá tus deseos más profundos.

LA CONCLUSIÓN DE LOS MANDAMIENTOS

67. ¿Qué dice Dios acerca de todos estos mandamientos?

Dice así: "Yo soy el Señor tu Dios, Dios celoso que castiga la maldad de los padres que me odian, en los hijos, nietos y bisnietos; pero que trato con amor por mil generaciones a los que me aman y cumplen mis mandamientos" (**Ex 20.5-6**).

68. ¿Qué quiere decir esto?

Dios amenaza castigar a todos los que traspasan estos mandamientos. Por lo tanto, debemos temer su ira y no actuar en contra de dichos mandamientos. En cambio, él promete gracia y todo género de bienes a todos los que los cumplen. Así que debemos amarlo y confiar en él, y actuar gustosos conforme a sus mandamientos.

69. ¿Por qué Dios se llama a sí mismo el Dios fuerte y celoso?

Porque Dios es santo

A. Odia el pecado e insiste en una obediencia perfecta y estricta;

B. No compartirá con ídolos el honor y respeto que le debemos sólo a él;

C. Castigará a aquellos que lo odian.

173 **Sal 5.4-5** No eres tú un Dios que se complace en lo malo; los malvados no pueden vivir a tu lado, ni en tu presencia hay lugar para los orgullosos. Tú odias a los malhechores.

174 **Stg 4.12** Solamente hay uno que ha dado la ley y al mismo tiempo es Juez, y es aquel que puede salvar o condenar.

70. ¿Con qué amenaza Dios a todos los que no cumplen sus mandamientos?

Dios amenaza a los transgresores con su ira y desagrado, con la muerte temporal y la condenación eterna.

175 **Dt 27.26** Maldito sea el que no respete estas instrucciones, ni las ponga en práctica. Y todo el pueblo dirá: Así sea.

176 **Ro 6.23** El pago que da el pecado es la muerte.

71. ¿Qué quiere decir Dios con que él visitará a los hijos, nietos y bisnietos de aquellos padres que lo odian?

Si los hijos, nietos y bisnietos también odian a Dios y siguen en los pasos pecaminosos de su padres, entonces Dios los castigará durante esta vida por los pecados de sus antepasados.

177 **Ez 18.20** Sólo aquel que peque morirá. Ni el hijo ha de pagar por los

pecados del padre, ni el padre por los pecados del hijo. El justo recibirá el premio a su justicia; y el malvado, el castigo a su maldad.

H.B. **Gn 9.25** Canaán fue maldecido. **Mt 27.25** Los judíos incluyeron a sus hijos en la maldición.

72. ¿A qué debe inducirnos esta amenaza?

Esta amenaza debe inducirnos a temer la ira de Dios y no hacer nada contra sus mandamientos.

H.B. **Gn 7** El diluvio. **Gn 19** Sodoma. **Lc 19.23-24** La destrucción de Jerusalén.

73. ¿Qué promete Dios a todos los que aman y guardan sus mandamientos?

A aquéllos que creen en él, y a los descendientes que lo aman y cumplen sus mandamientos, Dios promete su amor y toda clase de bienes.

178 **1 Ti 4.8** La devoción a Dios es útil para todo, porque nos trae provecho para esta vida y también para la vida futura.

EL PROPÓSITO DE LA LEY DIVINA

74. ¿Podemos cumplir los mandamientos de Dios como él quiere que los cumplamos?

No; porque desde la caída de Adán, las personas no pueden de ninguna manera cumplir la ley de Dios. Aún el cristiano puede cumplirla solamente de una manera imperfecta.

179 **Sal 14.3** Pero todos se han ido por mal camino; todos por igual se han pervertido. ¡Ya no hay quien haga lo bueno! ¡No hay ni siquiera uno!

180 **Ec 7.20** Sin embargo, no hay nadie en la tierra tan perfecto que haga siempre el bien y nunca peque.

181 **Is 64.6** Todos nosotros somos como un hombre impuro; todas nuestras buenas obras son como un trapo sucio; todos hemos caído como hojas marchitas, y nuestros crímenes nos arrastran como el viento.

182 **Job 14.4** No hay nadie que pueda sacar pureza de la impureza.

183 **Fil 3.12** No quiero decir que ya lo haya conseguido todo, ni que ya sea perfecto; pero sigo adelante con la esperanza de alcanzarlo, puesto que Cristo Jesús me alcanzó primero.

184 **Sal 143.2** No llames a cuentas a tu siervo, porque ante ti nadie es inocente.

185 **Stg 2.10** Porque si una persona obedece toda la ley, pero falla en un solo mandato, resulta culpable frente a todos los mandatos de la ley.

75. ¿Para qué, pues, sirve la ley?

Primero: La ley reprime, hasta cierto punto, las manifestaciones del pecado, y de este modo ayuda a mantener disciplina y honestidad externa en el mundo (Freno).

Segundo, y principalmente, la ley enseña al hombre el verdadero conocimiento de su pecado (Espejo).

186 **Ro 3.20** La ley solamente sirve para hacernos saber que somos pecadores.

187 **Ro 7.7** Jamás habría sabido lo que es codiciar, si la ley no hubiera dicho: "No codicies."

Tercero: La ley enseña al cristiano cuáles son las obras verdaderamente buenas (Regla).

188 **Sal 119.9** ¿Cómo podrá el joven llevar una vida limpia? ¡Viviendo de acuerdo con tu palabra!

EL PECADO

76. ¿Qué es el pecado?

Es todo pensamiento, deseo, palabra o acción contrarios a la ley de Dios.

189 **1 Jn 3.4** Pero todo el que comete pecado, comete maldad, pues pecar es cometer maldad.

77. ¿Por quién vino el pecado al mundo?

El pecado vino al mundo por el diablo, quien se apartó primero de Dios; y por el hombre, quien por su propia voluntad se dejó seducir al pecado.

190 **1 Jn 3.8** Pero el que practica el pecado es del diablo, porque el diablo peca desde el principio.

191 **Ro 5.12** Así pues, por medio de un solo hombre entró el pecado en el mundo y trajo consigo la muerte.

H.B. **Gn 3.1-7** Seducidos por el diablo, Adán y Eva pecaron.

78. ¿Cuántas clases de pecados hay?

Hay dos clases: el pecado original, y el pecado actual.

79. ¿Qué es el pecado original?

El pecado original es la corrupción total de toda la naturaleza humana, y lo hemos heredado de Adán por medio de nuestros padres. El pecado original nos culpa y condena, y nos ha dejado a todos sin verdadero temor y amor a Dios, espiritualmente ciegos, muertos, y enemigos de Dios.

192 **Sal 51.5** En verdad, soy malo desde que nací; soy pecador desde el seno de mi madre.

193 **Jn 3.6** Lo que nace de padres humanos, es humano; lo que nace del Espíritu, es espíritu.

194 **Ro 7.18** Porque yo sé que en mí, es decir, en mi naturaleza de hombre pecador, no hay nada bueno; pues aunque tengo el deseo de hacer lo bueno, no soy capaz de hacerlo.

195 **Gn 8.21** Porque desde joven el hombre sólo piensa en hacer lo malo.

196 **Ef 2.3** De esa manera vivíamos también todos nosotros en otro tiempo, siguiendo nuestros propios deseos y cumpliendo los caprichos de nuestra naturaleza pecadora y de nuestros pensamientos. A causa de esa naturaleza merecíamos el terrible castigo de Dios, igual que los demás.

80. ¿Qué es el pecado actual?

El pecado actual es toda acción en contra de la ley de Dios en deseos, pensamientos, palabras y obras.

197 **Mt 15.19** Porque del interior del hombre salen los malos pensamientos, los asesinatos, el adulterio, la inmoralidad sexual, los robos, las mentiras y los insultos.

198 **Stg 4.17** El que sabe hacer el bien y no lo hace, comete pecado.

81. *¿De qué manera podemos ser libres del pecado, y ser salvos?*

Podemos ser libres del pecado no por las obras de la ley, sino por la fe.

199 **Ro 10.4** Porque la ley se cumple en Cristo, para librar de culpa a todos los que tienen fe.

LA LEY Y EL EVANGELIO

82. *¿Dónde ofrece Dios el perdón de los pecados?*

Dios ofrece el perdón de los pecados sólo en el evangelio, la buena noticia de que somos liberados de la culpa, del castigo y del poder del diablo; y de que somos salvos por toda la eternidad porque Cristo cumplió la ley, sufrió, murió y resucitó por nosotros.

200 **Jn 3.16** Pues Dios amó tanto al mundo, que dio a su Hijo único, para que todo aquel que cree en él no muera, sino que tenga vida eterna.

201 **Ro 1.16** No me avergüenzo del mensaje del evangelio, pues es poder de Dios para que todos los que creen alcancen la salvación.

83. *¿Qué diferencia hay entre la ley y el evangelio?*

I. La ley enseña lo que nosotros debemos hacer y dejar de hacer; el evangelio enseña lo que Dios ha hecho y todavía está haciendo para nuestra salvación.

II. La ley nos hace ver nuestro pecado y la ira de Dios; el evangelio, nuestro Salvador y la gracia de Dios.

III. La ley, demanda, amenaza y condena; el evangelio promete, da y nos sella remisión, vida y salvación.

IV. La ley produce ira y muerte; el evangelio nos invita y lleva a Cristo, produce la fe, y de este modo nos da vida espiritual.

V. La ley debe predicarse a los confiados pecadores; el evangelio, a los que están alarmados y aterrorizados.

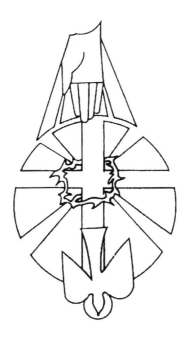

EL CREDO APOSTÓLICO

84. ¿Qué es un credo?

Un credo es una afirmación de lo que creemos enseñamos y confesamos.

202 **Ro 10.10** Pues con el corazón se cree para quedar libre de culpa, y con la boca se reconoce a Jesucristo para alcanzar la salvación.

CREO

85. ¿Qué quiere decir "creo en Dios"?

Quiere decir que confío en Dios y en sus promesas, y acepto como verdaderas sus enseñanzas en las Sagradas Escrituras.

203 **Sal 31.14** Pero yo, Señor, confío en ti; yo he dicho: "¡Tú eres mi Dios!"

204 **He 11.1** Tener fe es tener la plena seguridad de recibir lo que se espera; es estar convencidos de la realidad de cosas que no vemos.

86. *¿Cuáles son los tres credos que usa la iglesia?*

El Credo Apostólico, el Credo Niceno y el Credo Atanasiano.

87. *¿Qué credo se usa en el Catecismo Menor de Lutero?*

El Credo Apostólico

88. *¿Por qué se lo llama Credo Apostólico?*

Se lo llama Apostólico no porque haya sido escrito por los apóstoles, sino porque en forma resumida enseña la doctrina que Dios le dio a los apóstoles.

ARTÍCULO PRIMERO

La creación

Creo en Dios Padre todopoderoso, creador del cielo y de la tierra.

89. *¿Qué quiere decir esto?*

Creo que Dios me ha creado y también a todas las criaturas; que me ha dado cuerpo y alma, ojos, oídos y todos los miembros, la razón y todos los sentidos y aún los sostiene; además vestido y calzado, comida y bebida, casa y hogar, esposa e hijos, campos, ganado y todos los bienes; que me provee abundantemente y a diario de todo lo que necesito para sustentar este cuerpo y vida, me protege contra todo peligro y me guarda y preserva de todo mal; y todo esto por pura bondad y misericordia paternal y divina, sin que yo en manera alguna lo merezca, ni sea digno de ello. Por todo esto debo darle gracias, ensalzarlo, servirle y obedecerle. Esto es con toda certeza la verdad.

DIOS

90. *¿Quién es Dios?*

Dios es Espíritu; es eterno, omnipresente, omnipotente, omnisciente, santo, justo, verdadero, benévolo, misericordioso y lleno de gracia.

205 **Jn 4.24** Dios es Espíritu, y los que lo adoran deben hacerlo de un modo verdadero, conforme al Espíritu de Dios.

206 **Sal 90.1-2** Señor, tú has sido nuestro refugio por todas las edades. Desde antes que se formaran los montes y que existieran la tierra y el

mundo, desde los tiempos antiguos y hasta los tiempos postreros, tú eres Dios.

207 **Sal 102.27** Pero tú eres el mismo; tus años nunca terminarán.

208 **Jr 23.23-24** Lejos o cerca, yo soy Dios. ¿Quién podrá esconderse de mi vista? Con mi presencia lleno el cielo y la tierra.

209 **Lc 1.37** Para Dios no hay nada imposible.

210 **Sal 139.1-4** Señor, tú me has examinado y me conoces; tú conoces todas mis acciones; aun de lejos te das cuenta de lo que pienso. Sabes todas mis andanzas, ¡sabes todo lo que hago! Aún no tengo la palabra en la lengua, y tú, Señor, ya la conoces.

211 **Is 6.3** Santo, santo, santo es el Señor todopoderoso; toda la tierra está llena de su gloria.

212 **Dn 9.7** Tú, Señor, eres justo.

213 **Sal 33.4** La palabra del Señor es verdadera; sus obras demuestran su fidelidad.

214 **Sal 145.9** El Señor es bueno para con todos, y con ternura cuida sus obras.

215 **Ex 34.6-7** ¡El Señor! ¡El Señor! ¡Dios tierno y compasivo, paciente y grande en amor y verdad! Por mil generaciones se mantiene fiel en su amor y perdona la maldad, la rebeldía y el pecado; pero no deja sin castigo al culpable, sino que castiga la maldad de los padres en los hijos y en los nietos, en los bisnietos y en los tataranietos.

216 **1 Jn 4.8** Dios es amor.

217 **Ro 1.19-20** Lo que de Dios se puede conocer, ellos lo conocen muy bien, porque él mismo se lo ha mostrado; pues lo invisible de Dios se pude llegar a conocer, si se reflexiona en lo que él ha hecho. En efecto, desde que el mundo fue creado, claramente se ha podido ver que él es Dios y que su poder nunca tendrá fin. Por eso los malvados no tienen disculpa.

91. ¿Quién es el verdadero Dios?

El verdadero Dios es el Dios trino: Padre, Hijo y Espíritu Santo, tres personas distintas en una sola esencia divina.

218 **Dt 6.4** Oye, Israel: El Señor nuestro Dios es el único Señor.

219 **Mt 28.19** Vayan, pues, a las gentes de todas las naciones, y háganlas mis discípulos; bautícenlas en el nombre del Padre, del Hijo y del Espíritu Santo.

220 **2 Co 13.14** La gracia del Señor Jesucristo, el amor de Dios y la presencia constante del Espíritu Santo estén con todos ustedes.

221 **Nm 6.24-26** Que el Señor te bendiga y te proteja; que el Señor te mire con agrado y te muestre su bondad; que el Señor te mire con amor y te conceda la paz.

H.B. **Mt 3.16-17** Las tres personas divinas se manifestaron en el bautismo de Jesús.

92. ¿Cómo se distinguen estas personas divinas entre sí?

El Padre engendró al Hijo desde la eternidad; el Hijo fue engendrado del Padre desde la eternidad; el Espíritu Santo desde la eternidad procede del Padre y del Hijo. Al Padre se le atribuye especialmente la obra de la creación; al Hijo, la obra de la redención; al Espíritu Santo, la obra de la santificación.

222 **Sal 2.7** Tú eres mi Hijo; yo te he engendrado hoy.

223 **Jn 15.26** Pero cuando venga el Defensor, el Espíritu de la verdad, que yo voy a enviar de parte del Padre, él será mi testigo.

224 **Gá 4.6** Y para mostrar que ya somos sus hijos, Dios mandó el Espíritu de su Hijo a nuestros corazones; y el Espíritu clama: "¡Padre mío!"

CREO EN DIOS

93. ¿Qué es creer en Dios?

Creer en Dios es conocer lo que las Sagradas Escrituras dicen de Dios, aceptarlo como la verdad, y con firme creencia confiar y esperar en él.

225 **Ro 10.14** Pero ¿cómo van a invocarlo, si no han creído en él?

226 **Ro 10.17** Así pues, la fe viene como resultado del oír, y lo que se oye es el mensaje de Cristo.

227 **Jn 17.3** Y la vida eterna consiste en que te conozcan a ti, el único Dios verdadero, y a Jesucristo, a quien tú enviaste.

228 **Jn 3.36** El que cree en el Hijo, tiene vida eterna; pero el que no quiere creer en el Hijo, no tendrá esa vida, sino que recibirá el terrible castigo de Dios.

229 **Jn 5.46** Porque si ustedes creyeran lo que dijo Moisés, también me creerían a mí, porque Moisés escribió acerca de mí.

230 **He 11.1** Tener fe es tener la plena seguridad de recibir lo que se espera; es estar convencidos de la realidad de cosas que no vemos.

231 **2 Ti 1.12** Precisamente por eso sufro todas estas cosas. Pero no me avergüenzo de ello, porque yo sé en quien he puesto mi confianza; y estoy seguro de que él tiene poder para guardar hasta aquel día lo que me ha encomendado.

232 **Stg 2.19-20** Tú crees que hay un solo Dios, y en esto haces bien; pero los demonios también lo creen, y tiemblan de miedo. No seas tonto, y reconoce que si la fe que uno tiene no va acompañada de hechos, es una fe inútil.

H.B. **Lc 7.1-10** El oficial romano. **Jn 4.48-53** El oficial del rey. **Mt 15.21-28** La mujer extranjera.

94. ¿Por qué decimos en cada uno de los tres artículos creo y no creemos?

Ninguno puede ser salvo por la fe de otro, sino que cada uno tiene que creer por sí mismo.

233 **Hab 2.4** Pero los justos vivirán por su fidelidad a Dios.

234 **Lc 7.50** Por tu fe has sido salvada; vete tranquila.

H.B. **Mt 25. 8-12** Las muchachas despreocupadas no pudieron conseguir aceite.

DIOS PADRE TODOPODEROSO, CREADOR

95. ¿Por qué llamamos aquí Padre a la primera persona?

Llamamos Padre a la primera persona porque él es el Padre de nuestro Señor Jesucristo y también nuestro verdadero Padre.

235 **Jn 20.17** Voy a reunirme con el que es mi Padre y Padre de ustedes, mi Dios y Dios de ustedes.

236 **Mal 2.10** ¿Acaso no tenemos todos un mismo Padre, que es el Dios que a todos nos ha creado?

237 **Ef 3.14-15** Por esta razón me pongo de rodillas delante del Padre, de quien recibe su nombre toda familia, tanto en el cielo como en la tierra.

96. ¿Por qué llamamos todopoderoso y creador a Dios Padre?

Llamamos todopoderoso y creador al Padre porque por medio de su Palabra creó todas las cosas de la nada.

238 **Gn 1.1** En el comienzo de todo, Dios creó el cielo y la tierra.

239 **He 11.3** Por fe sabemos que Dios formó los mundos mediante su palabra, de modo que lo que ahora vemos fue hecho de cosas que no podían verse.

240 **Sal 115.3** Nuestro Dios está en el cielo; él ha hecho todo lo que quiso.

97. ¿Qué queremos decir por cielo y tierra?

Cielo y tierra son todas las criaturas, visibles e invisibles.

241 **Col 1.16** Por medio de él, Dios creó todo lo que hay en el cielo y en la tierra, tanto lo visible como lo invisible, así como los seres espirituales que tienen dominio, autoridad y poder.

LOS ÁNGELES

98. ¿Cuáles son las principales criaturas invisibles?

Las principales criaturas invisibles son los ángeles.

99. ¿Cuántas clases de ángeles hay?

Hay dos clases: ángeles buenos y ángeles malos.

100. ¿Cuáles son los ángeles buenos?

Los ángeles buenos son seres espirituales santos, poderosos, ya confirmados en la bienaventuranza, que alaban a Dios, y ejecutan sus mandatos, y sirven a los hombres.

242 **He 1.14** Porque todos los ángeles son espíritus al servicio de Dios, enviados en ayuda de quienes han de recibir en herencia la salvación.

243 **Mt 25.31** Cuando el Hijo del hombre venga rodeado de esplendor y de todos sus ángeles, se sentará en su trono glorioso.

244 **Mt 18.10** No desprecien a ninguno de estos pequeños. Pues les digo que en el cielo los ángeles de ellos están siempre en la presencia de mi Padre celestial.

245 **Sal 103.20-21** ¡Bendigan al Señor, ángeles poderosos! Ustedes, que cumplen sus órdenes, que están atentos a obedecerle. ¡Bendigan al Señor todos sus ejércitos, que le sirven y hacen su voluntad!

246 **Sal 34.7** El ángel del Señor protege y salva a los que honran al Señor.

247 **Sal 91.11-12** Pues él mandará que sus ángeles te cuiden por dondequiera que vayas. Te levantarán con sus manos para que no tropieces con piedra alguna.

H.B. **2 R 19.35** El ángel destruyó el ejército de Senaquerib. **Lc 2.13-14** Los ángeles alabaron a Dios y promulgaron las buenas noticias de la Navidad. **He 12.5-11** El ángel libró a Pedro de la cárcel. **Dn 3 y 6** Los ángeles salvaron a los tres hombres del horno de fuego, y a Daniel de los leones.

101. ¿Cuáles son los ángeles malos?

Los ángeles malos son los espíritus rebeldes, desechados para siempre, los cuales, como enemigos declarados de Dios y del hombre, se esfuerzan en destruir la obra de Dios.

248 **Jud 6** Y a los ángeles que no conservaron su debido puesto, sino que dejaron su propio hogar, Dios los retiene en prisiones oscuras y eternas para el gran día del juicio.

249 **Ef 6.12** Porque no estamos luchando contra gente de carne y hueso, sino contra malignas fuerzas espirituales del cielo, las cuales tienen mando, autoridad y dominio sobre este mundo oscuro.

250 **Jn 8.44** El padre de ustedes es el diablo; ustedes le pertenecen, y tratan de hacer lo que él quiere. El diablo ha sido un asesino desde el principio. Nunca se ha basado en la verdad, y nunca dice la verdad. Cuando dice mentiras, habla como lo que es; porque es mentiroso y es el padre de la mentira.

251 **1 Pe 5.8-9** Sean prudentes y manténganse despiertos, porque su enemigo el diablo, como un león rugiente, anda buscando a quien devorar. Resístanle, firmes en la fe.

H.B. **Gn 3.1-7** La serpiente sedujo a los primeros padres. **Job 2** Satanás afligió a Job para destruir su alma. **Mt 4.1-11** El diablo tentó a Jesús.

LA HUMANIDAD

102. ¿Qué son los seres humanos?

Los seres humanos son las criaturas visibles más importantes. Dios creó a Adán y Eva a su propia imagen, y les dio autoridad sobre toda la tierra.

252 **Gn 2.7** Entonces Dios el Señor formó al hombre de la tierra misma, y sopló en su nariz y le dio vida. Así el hombre comenzó a vivir.

253 **Gn 1.27** Cuando Dios creó al hombre, lo creó parecido a Dios mismo; hombre y mujer los creó.

103. ¿Qué decimos los cristianos con respecto a la teoría de la evolución en relación al comienzo del mundo?

Por fe los cristianos creemos lo que la palabra de Dios enseña con respecto a la creación. La teoría de la evolución no es científicamente comprobable.

254 **He 11.3** Por fe sabemos que Dios formó los mundos mediante su palabra, de modo que lo que ahora vemos fue hecho de cosas que no podían verse.

104. ¿En qué consistía la imagen divina?

La imagen divina consistía en el bienaventurado conocimiento de Dios, y en justicia y santidad perfecta.

255 **Col 3.10** Y se han revestido de la nueva naturaleza: la del nuevo hombre, que se va renovando a imagen de Dios, su Creador, para llegar a conocerlo plenamente.

256 **Ef 4.24** Y revestirse de la nueva naturaleza, creada según la voluntad de Dios y que se muestra en una vida recta y pura, basada en la verdad.

105. ¿Poseemos todavía esa imagen de Dios?

No, la imagen de Dios se perdió en la caída de Adán; y aun cuando empieza a renovarse en los creyentes, no será restituida plenamente hasta la vida eterna.

257 **Gn 5.3** Adán tenía ciento treinta años cuando nació su hijo, al que llamó Set, y que era parecido a él en todo.

258 **Sal 17.15** Pero yo, en verdad, quedaré satisfecho con mirarte cara a cara, ¡con verme ante ti cuando despierte!

DIOS TODAVÍA CUIDA A TODAS LAS CRIATURAS

106. ¿Qué hace Dios todavía por ti y por todas las criaturas?

Dios me sostiene y gobierna a mí, así como a todas las demás criaturas.

259 **Hch 17.28** Porque en Dios vivimos, nos movemos y existimos.

260 **He 1.3** Él es el resplandor glorioso de Dios, la imagen misma de lo que Dios es y el que sostiene todas las cosas con su palabra poderosa.

261 **Sal 33.13-15** El Señor mira desde el cielo y ve a todos los hombres; desde el lugar donde vive observa a los que habitan la tierra; él es quien formó sus corazones y quien vigila todo lo que hacen.

262 **Gn 8.22** Mientras el mundo exista, habrá siembra y cosecha; hará calor y frío, habrá invierno y verano y días con sus noches.

107. ¿Qué te da Dios para sostenerte?

Me da comida y ropa, familia y hogar, trabajo y entretenimiento, y todo lo que necesito cada día.

263 **Sal 145.15-16** Los ojos de todos esperan de ti, que tú les des su comida a su tiempo. Abres tu mano, y con tu buena voluntad satisfaces a todos los seres vivos.

264 **1 Pe 5.7** Dejen todas sus preocupaciones a Dios, porque él se interesa por ustedes.

H.B. **Gn 9.1-3** Dios prometió sostener a Noé y a sus descendientes. **Dt 8.3-4** Dios sostuvo milagrosamente a Israel en el desierto. **1 R 17** Dios proveyó de comida a Elías y a la viuda.

108. ¿Qué más hace Dios por ti?

Dios me protege de todo peligro, y me preserva y me libra de todo mal.

265 **Mt 10.29-30** ¿No se venden dos pajarillos por una monedita? Sin embargo, ni uno de ellos cae a tierra sin que el Padre de ustedes lo permita. En cuanto a ustedes mismos, hasta los cabellos de la cabeza los tienen contados uno por uno.

266 **Sal 91.10** No te sobrevendrá ningún mal ni la enfermedad llegará a tu casa.

267 **Gn 50.20** Ustedes pensaron hacerme mal, pero Dios cambió ese mal en bien para hacer lo que hoy vemos: para salvar la vida de mucha gente.

268 **Sal 37.5** Pon tu vida en las manos del Señor; confía en él, y él vendrá en tu ayuda.

H.B. **Gn 19** Dios salvó a Lot de la destrucción de Sodoma. **Ex 13.14** Dios libró a Israel de los egipcios. **Ex 2** Dios preservó al niño Moisés.

109. ¿Por qué hace Dios todo esto por ti?

Todo esto lo hace por su bondad y misericordia divina y paternal, sin que yo lo merezca, ni sea digno de ello.

269 **Sal 103.13** El Señor es, con los que le honran, tan tierno como un padre con sus hijos.

270 **Gn 32.10** Los malvados tendrán muchos dolores, pero el amor del Señor envuelve a los que en él confían.

H.B. **Lc 7.6-7** El oficial romano confesó no ser digno de la bondad de Dios.

110. ¿Qué debes a tu Padre celestial por todo esto?

Por todo esto debo darle gracias y alabarle, servirle y obedecerle.

271 **Sal 118.1** Den gracias al Señor, porque él es bueno, porque su amor es eterno.

272 **Sal 116.12** ¿Cómo podré pagar al Señor todo el bien que me ha hecho?

111. ¿Por qué concluimos la explicación del primer artículo con las palabras: "Esto es con toda certeza la verdad"?

Todo lo que confieso en este artículo está enseñado en forma sencilla en la

Sagrada Escritura, por lo tanto lo creo firmemente.

ARTICULO SEGUNDO

La redención

Y en Jesucristo, su único Hijo, nuestro Señor; que fue concebido por obra del Espíritu Santo, nació de la virgen María; padeció bajo el poder de Poncio Pilatos, fue crucificado, muerto y sepultado; descendió a los infiernos; al tercer día resucitó de entre los muertos; subió a los cielos y está sentado a la diestra de Dios Padre todopoderoso; y desde allí ha de venir a juzgar a los vivos y a los muertos.

112. ¿Qué quiere decir esto?

Creo que Jesucristo, verdadero Dios, engendrado del Padre en la eternidad, y también verdadero hombre, nacido de la virgen María, es mi Señor, que me ha redimido a mí, hombre perdido y condenado, y me ha rescatado y librado de todos mis pecados, de la muerte y del poder del diablo, no con oro o plata, sino con su santa y preciosa sangre y con su inocente pasión y muerte; y todo esto lo hizo para que yo sea suyo y viva bajo él en su reino, y le sirva en justicia, inocencia y bienaventuranza eternas, así como él resucitó de la muerte y vive y reina eternamente. Esto es con toda certeza la verdad.

LOS NOMBRES JESÚS Y CRISTO

113. ¿De quién trata el segundo artículo?

El segundo artículo trata de Jesucristo, su persona y su obra.

114. ¿Por qué se le llama Jesús?

El nombre Jesús significa: "el Señor salva." Jesús es su nombre personal.

273 **He 4.12** En ningún otro hay salvación, porque en todo el mundo Dios no nos ha dado otra persona por la cual podamos ser salvos.

274 **Mt 1.21** María tendrá un hijo, y le pondrás por nombre Jesús. Se llamará así porque salvará a su pueblo de sus pecados.

115. ¿Por qué se le llama Cristo?

A nuestro Redentor se le llama Cristo, o el Mesías, esto es, el Ungido, porque fue ungido con el Espíritu Santo sin medida, para ser nuestro profeta, sacerdote y rey.

Nota: El ungimiento era el ritual que se usaba para apartar los profetas, sacerdotes y reyes para una tarea especial.

275 **Sal 45.7** Amas el bien y odias el mal. Por eso te ha escogido Dios, tu Dios, y te ha colmado de alegría más que a tus compañeros.

276 **Hch 10.38** Dios llenó de poder y del Espíritu Santo a Jesús de Nazaret.

LAS DOS NATURALEZAS EN JESUCRISTO

116. ¿Quién es Jesucristo?

Jesucristo es el verdadero Dios, engendrado del Padre en la eternidad, y también verdadero hombre, nacido de la virgen María.

117. ¿Por qué creemos que Jesucristo es verdadero Dios?

Las Sagradas Escrituras atribuyen a Jesucristo nombres divinos, cualidades divinas, obras divinas, y honra y gloria divinas.

277 **1 Jn 5.20** Vivimos unidos al que es verdadero, es decir, a su Hijo Jesucristo. Este es el Dios verdadero y la vida eterna.

278 **Ro 9.5** Son descendientes de nuestros antepasados; y de su raza, en cuanto a lo humano, vino el Mesías, el cual es Dios sobre todas las cosas, alabado por siempre. Así sea.

279 **Jn 20.28** Tomás entonces exclamó: ¡Mi Señor y mi Dios!

280 **Sal 2.7** Voy a anunciar la decisión del Señor: él me ha dicho: "Tú eres mi hijo; yo te he engendrado hoy."

281 **Jn 3.16** Pues Dios amó tanto al mundo, que dio a su Hijo único, para que todo aquel que cree en él no muera, sino que tenga vida eterna.

282 **Ro 8.32** Si Dios no nos negó ni a su propio Hijo, sino que lo entregó a la muerte por todos nosotros, ¿cómo no habrá de darnos también, junto con su Hijo, todas las cosas?

283 **Jn 1.1-2** En el principio ya existía la Palabra; y aquel que es la Palabra

estaba con Dios y era Dios. Él estaba en el principio con Dios.

284 **He 13.8** Jesucristo es el mismo ayer, hoy y siempre.

285 **Mt 28.18** Dios me ha dado toda autoridad en el cielo y en la tierra.

286 **Jn 21.17** Señor, tú lo sabes todo.

287 **Mt 28.20** Por mi parte, yo estaré con ustedes todos los días, hasta el fin del mundo.

288 **Jn 1.3** Por medio de él, Dios hizo todas las cosas; nada de lo que existe fue hecho sin él.

289 **He 1.3** Él es el resplandor glorioso de Dios, la imagen misma de lo que Dios es y el que sostiene todas las cosas por su palabra poderosa.

290 **Mt 9.6** Pues voy a demostrarles que el Hijo del hombre tiene autoridad en la tierra para perdonar pecados.

291 **Jn 5.27** [El Padre] le ha dado autoridad para juzgar.

292 **Jn 5.23** Para que todos den al Hijo la misma honra que dan al Padre. El que no honra al Hijo, tampoco honra al Padre, que lo ha enviado.

293 **He 1.6** Que todos los ángeles de Dios lo adoren.

H.B. **Jn 2.1-11** Jesús convirtió el agua en vino. **Mt 9.1-18** Jesús sanó al paralítico y le perdonó los pecados. **Lc 8.22-25** Jesús calmó la tempestad con una sola palabra.

118. ¿Por qué creemos que Jesucristo es también verdadero hombre?

Las Sagradas Escrituras expresamente llaman a Jesucristo hombre y le atribuyen cuerpo y alma, como también las costumbres de un hombre.

294 **1 Ti 2.5** Porque no hay más que un Dios; y no hay más que un hombre que pueda llevar a todos los hombres a la unión con Dios: Jesucristo.

295 **Lc 24.39** Miren mis manos y mis pies. Soy yo mismo. Tóquenme y vean: un espíritu no tiene carne ni huesos, como ustedes ven que tengo yo.

296 **Mt 26.38** Siento en mi alma una tristeza de muerte.

H.B. **Mr 4.38** Jesús dormía. **Mt 4.2** Jesús tuvo hambre.

119. ¿Qué dos naturalezas hay, pues, en la persona de Cristo?

La naturaleza divina y humana están unidas en Cristo Jesús. Esta unión personal comenzó cuando él se hizo hombre (la encarnación) y continúa para siempre.

297 **Jn 1.14** Aquel que es la Palabra se hizo hombre y vivió entre nosotros, lleno de amor y de verdad. Y hemos visto su gloria, la gloria que como hijo único recibió del Padre.

298 **1 Ti 3.16** No hay duda de que el secreto de nuestra religión es algo muy grande: Cristo se manifestó en su condición de hombre.

299 **Col 2.9** Porque todo lo que Dios es, se encuentra plenamente en la persona de Cristo.

300 **Is 9.6** Porque nos ha nacido un niño, Dios nos ha dado un hijo, al cual se le ha concedido el poder de gobernar. Y le darán estos nombres: Admirable en sus planes, Dios invencible, Padre eterno, Príncipe de la paz.

301 **Mt 28.18** Dios me ha dado toda autoridad en el cielo y en la tierra.

302 **Mt 28.20** Por mi parte, yo estaré con ustedes todos los días, hasta el fin del mundo.

303 **Hch 3.15** Y así mataron ustedes al que nos lleva a la vida.

304 **1 Jn 1.7** La sangre de su Hijo Jesucristo nos limpia de todo pecado.

120. ¿Era necesario que nuestro Salvador fuera verdadero hombre?

Cristo tenía que ser verdadero hombre para cumplir la ley de Dios en lugar nuestro, sufrir y morir.

305 **Mt 18.11** Porque el Hijo del hombre vino a salvar lo que se había perdido.

306 **He 2.14** Así como los hijos de una familia son de la misma carne y sangre humanas, así también Jesús fue de carne y sangre humanas, para derrotar con su muerte al que tenía poder para matar, es decir, al diablo.

121. ¿Era necesario que nuestro Salvador fuera verdadero Dios?

Nuestro Salvador necesitaba ser verdadero Dios para rescatar a toda la humanidad por medio de su vida, sufrimiento, muerte y resurrección. Como Dios venció a la muerte y al diablo.

307 **Sal 49.7-8** Pero nadie puede salvarse a sí mismo ni pagarle a Dios para

que le salve la vida. No hay dinero que pueda comprar la vida de un hombre.

EL OFICIO DE CRISTO

122. ¿Para qué triple tarea fue ungido Jesús?

Fue ungido para ser profeta, sacerdote, y rey.

123. ¿En qué consiste su oficio de profeta?

Como profeta, Cristo, por medio de palabras y obras, se manifestó a sí mismo, y aún se manifiesta en la predicación del evangelio, como el Hijo de Dios y el Redentor del mundo.

308 **Dt 18.15** El Señor su Dios hará que salga de entre ustedes un profeta como yo, y deberán obedecerlo.

309 **Mt 17.5** Este es mi Hijo amado, a quien he elegido: escúchenlo.

310 **Jn 1.18** Nadie ha visto jamás a Dios; el Hijo único, que es Dios y que vive en íntima comunión con el Padre, es quien nos lo ha dado a conocer.

311 **Lc 10.16** El que los escucha a ustedes, me escucha a mí; y el que los rechaza a ustedes, me rechaza a mí; y el que me rechaza a mí, rechaza al que me envió.

124. ¿En qué consiste su oficio de sacerdote?

Como sacerdote, Cristo, en nuestro lugar, cumplió perfectamente la ley, se sacrificó a sí mismo, y aún está intercediendo continuamente por todos nosotros ante el Padre celestial.

312 **He 7. 26-27** Así pues, Jesús es precisamente el sumo sacerdote que necesitábamos. Él es santo, sin maldad y sin mancha, apartado de los pecadores y puesto más alto que el cielo. No es como los otros sumos sacerdotes, que tienen que matar animales y ofrecerlos cada día en sacrificio, primero por sus propios pecados y luego por los pecados del pueblo. Por el contrario, Jesús ofreció el sacrificio una sola vez y para siempre, cuando se ofreció a sí mismo.

313 **Gá 4.4-5** Pero cuando se cumplió el tiempo, Dios envió a su Hijo, que nació de una mujer, sometido a la ley de Moisés, para dar libertad a los que

estábamos sometidos a esa ley, para que Dios nos recibiera como a hijos.

314 **1 Pe 2.24** Cristo mismo llevó nuestros pecados en su cuerpo sobre la cruz, para que nosotros muramos al pecado y vivamos una vida de rectitud. Cristo fue herido para que ustedes fueran sanados.

315 **1 Jn 2.1-2** Hijitos míos, les escribo estas cosas para que no cometan pecado. Aunque si alguno comete pecado, tenemos un abogado ante el Padre, que es Jesucristo, y él es justo. Jesucristo se ofreció en sacrificio para que nuestros pecados sean perdonados; y no sólo los nuestros, sino los de todo el mundo.

125. ¿En qué consiste su oficio de rey?

Como rey, Cristo reina poderosamente sobre todas las criaturas, y gobierna y protege especialmente su iglesia, hasta llevarla finalmente a la gloria.

316 **Mt 28.18** Dios me ha dado toda autoridad en el cielo y en la tierra.

317 **Jn 18.37** Le preguntó entonces Pilato: ¿Así que tú eres rey? Jesús le contestó: Tú lo has dicho: soy rey. Yo nací y vine al mundo para decir lo que es la verdad. Y todos los que pertenecen a la verdad, me escuchan.

318 **Mt 21.5** Digan a la ciudad de Sión: "Mira, tu Rey viene a ti, humilde, montado en un burro, en un burrito, cría de una bestia de carga."

319 **2 Ti 4.18** Y me librará de todo mal, y me guardará para su reino celestial. ¡Gloria a él para siempre! Así sea.

126. ¿Qué dos estados distinguimos en el desempeño de los oficios de Cristo?

Cristo desempeñó sus oficios en el estado de humillación y en el estado de exaltación.

EL ESTADO DE HUMILLACIÓN

127. ¿En qué consiste el estado de humillación?

En su estado de humillación, Cristo, como hombre, no siempre ni completamente, usó sus poderes divinos.

320 **Fil 2.5-8** Tengan ustedes la misma manera de pensar que tuvo Cristo Jesús, el cual: Aunque era de naturaleza divina, no insistió en ser igual a

Dios, sino que hizo a un lado lo que le era propio, y tomando naturaleza de siervo nació como hombre. Y al presentarse como hombre se humilló a sí mismo, y por su obediencia fue a la muerte, a la vergonzosa muerte en la cruz.

H.B. **Jn 2.11; 11.40; 18.6** Muestras de la gloria oculta.

128. ¿Con qué palabras describe el segundo artículo el estado de humillación?

"Fue concebido por obra del Espíritu Santo, nació de la virgen María; padeció bajo el poder de Poncio Pilatos, fue crucificado, muerto y sepultado."

129. ¿Qué enseñan las Sagradas Escrituras sobre la concepción de Cristo?

Por la obra milagrosa del Espíritu Santo, Cristo fue concebido verdadero hombre en la virgen María.

321 **Lc 1.35** El Espíritu Santo vendrá sobre ti, y el poder del Dios altísimo descansará sobre ti como una nube. Por eso, el niño que va a nacer será llamado santo e Hijo de Dios.

130. ¿Qué enseñan las Sagradas Escrituras sobre el nacimiento de Cristo?

Cristo nació de la virgen María, verdadero hombre y en gran pobreza.

322 **Is 9.6** Porque nos ha nacido un niño, Dios nos ha dado un hijo.

323 **Mt 8.20** Las zorras tienen cuevas y las aves tienen nidos, pero el Hijo del hombre no tiene donde recostar la cabeza.

H.B. **Mt 1; Lc 2.1-20; Jn 1.14** Historia del nacimiento de Jesús.

131. ¿Qué declaran las Sagradas Escrituras sobre los sufrimientos y la muerte de Cristo?

Cristo, bajo el poder de Poncio Pilatos, padeció indecibles tormentos en su cuerpo y en su alma, y murió crucificado.

132. ¿Qué dicen las Sagradas Escrituras acerca de la sepultura de Cristo?

El sagrado cuerpo de Cristo fue sepultado, permaneciendo en la tumba hasta el tercer día sin corromperse.

324 **Sal 16.10** Pues no me dejarás en el sepulcro.

LA OBRA DE JESUCRISTO DE REDENCIÓN O EXPIACIÓN

133. ¿Por qué Cristo se humilló a sí mismo?

Cristo se humilló para redimirme a mí, que estaba perdido y condenado.

134. ¿De qué te ha redimido Cristo?

Cristo me ha rescatado y librado de todos los pecados, de la muerte y del poder del diablo.

135. ¿En qué sentido te ha redimido Cristo de todos los pecados?

Cristo me ha librado de la culpa, del castigo y del dominio del pecado.

325 **Gá 3.13** Cristo nos libró de la maldición de la ley, pues él fue hecho objeto de maldición por causa nuestra, porque la Escritura dice: "Maldito el que muere colgado de un madero."

326 **1 Pe 1.18-19** Pues Dios los ha salvado a ustedes de la vida sin sentido que heredaron de sus antepasados; y ustedes saben muy bien que el costo de esta salvación no se pagó con cosas corruptibles, como el oro o la plata, sino con la sangre preciosa de Cristo, que fue ofrecido en sacrificio como un cordero sin defecto ni mancha.

136. ¿En qué sentido te ha redimido Cristo de la muerte?

Ya no necesito tener miedo a la muerte temporal, puesto que la muerte eterna no tiene poder sobre mí.

327 **He 2.14-15** Así como los hijos de una familia son de la misma carne y sangre, así también Jesús fue de carne y sangre humanas, para derrotar con su muerte al que tenía poder para matar, es decir, al diablo. De esta manera ha dado libertad a todos los que por medio a la muerte viven como esclavos durante toda la vida.

328 **2 Ti 1.10** ...nuestro Salvador Jesucristo, que destruyó el poder de la muerte y que, por el mensaje de salvación, sacó a la luz la vida inmortal.

137. ¿En qué sentido te ha redimido Cristo del poder del diablo?

Cristo venció al diablo de tal manera que éste ya no puede acusarme, pudiendo yo ahora resistir victoriosamente sus tentaciones.

329 **Gn 3.15** Haré que tú y la mujer sean enemigas, lo mismo que tu descendencia y su descendencia. Su descendencia te aplastará la cabeza, y tú le morderás el talón.

330 **1 Jn 3.8** Precisamente para esto ha venido el Hijo de Dios: para deshacer lo hecho por el diablo.

138. ¿Con qué te ha redimido Cristo?

Cristo me ha redimido, no con oro o plata, sino con su santa y preciosa sangre y con su inocente pasión y muerte.

331 **1 Jn 1.7** La sangre de su Hijo Jesucristo nos limpia de todo pecado.

139. ¿Cómo te beneficia esta obra de redención?

Cristo fue mi sustituto. Él tomó mi lugar en el juicio de Dios contra el pecado. De este modo Cristo me libró de culpa, llevando él mismo sobre sí mi castigo.

332 **2 Co 5.21** Cristo no cometió pecado alguno; pero por causa nuestra, Dios lo trató como al pecado mismo, para así, por medio de Cristo, librarnos de culpa.

333 **Is 53.4-5** Y sin embargo él estaba cargado con nuestros sufrimientos, estaba soportando nuestros propios dolores. Nosotros pensamos que Dios lo había herido, que lo había castigado y humillado. Pero fue traspasado a causa de nuestra rebeldía, fue atormentado a causa de nuestras maldades; el castigo que sufrió nos trajo la paz, por sus heridas alcanzamos la salud.

140. ¿Cristo te ha redimido, rescatado y librado solamente a ti?

No. Cristo me ha redimido a mí y a toda la gente.

334 **2 Co 5.15** Cristo murió por todos.

335 **2 Co 5.19** En Cristo, Dios estaba poniendo al mundo en paz consigo mismo.

336 **Mt 18.11** Porque el Hijo del hombre vino a salvar lo que se había perdido.

337 **Jn 1.29** ¡Miren, éste es el Cordero de Dios, que quita el pecado del mundo!

338 **1 Jn 2.2** Jesucristo se ofreció en sacrificio para que nuestros pecados sean perdonados; y no sólo los nuestros, sino los de todo el mundo.

339 **2 Pe 2.1** Ellos enseñarán con disimulo sus dañinas ideas, negando de ese modo al propio Señor que los salvó; esto les traerá una rápida condenación.

EL ESTADO DE EXALTACIÓN

141. ¿Qué es la exaltación de Cristo?

La exaltación de Cristo, es que, como hombre, él ahora usa siempre y completamente sus poderes divinos.

340 **Fil 2.9-11** Por eso, Dios le dio el más alto honor y el más excelente de todos los nombres, para que, al nombre de Jesús, doblen la rodilla todos los que están en los cielos, y en la tierra, y debajo de la tierra, y todos reconozcan que Jesucristo es el Señor, para honra de Dios Padre.

142. ¿Con qué palabras describe el segundo artículo el estado de exaltación?

"Descendió a los infiernos; al tercer día resucitó de entre los muertos; subió a los cielos y está sentado a la diestra de Dios Padre todopoderoso; y desde allí ha de venir a juzgar a los vivos y a los muertos."

143. ¿Qué enseñan las Sagradas Escrituras en cuanto al descenso de Cristo a los infiernos?

Cristo, habiendo resucitado en su sepulcro, descendió los infiernos para proclamar su victoria sobre sus enemigos.

341 **1 Pe 3.18-19** Porque Cristo mismo sufrió la muerte por nuestros pecados, una vez para siempre. Él era bueno pero sufrió por los malos, para llevarlos a ustedes a Dios. Como hombre, murió; pero como ser espiritual que era, volvió a la vida. Y como ser espiritual, fue y predicó a los espíritus que estaban presos.

342 **Col 2.15** Por medio de Cristo, Dios venció a los seres espirituales que tienen poder y autoridad, y los humilló públicamente llevándolos como prisioneros en su desfile victorioso.

144. ¿Qué enseñan las Sagradas Escrituras en cuanto a la resurrección de Cristo?

Cristo, al tercer día, victorioso y con su cuerpo glorificado, se levantó del sepulcro y se manifestó vivo a sus discípulos.

343 **Hch 10.40-41** Pero Dios lo resucitó al tercer día, he hizo que se nos apareciera a nosotros. No se apareció a todo el pueblo, sino a nosotros, a quienes Dios había escogido de antemano como testigos. Nosotros comimos y bebimos con él después que resucitó.

344 **Hch 1.3** Y después de muerto se les presentó en persona, dándoles así claras pruebas de que estaba vivo.

H.B. **Mt 28; Mr 16; Lc 24.1-49; Jn 20 y 21** Historia de la resurrección y manifestación de Jesús.

145. ¿Por qué la resurrección de Cristo nos da tanto consuelo?

La resurrección de Cristo es la evidencia de que:

I. Cristo es el Hijo de Dios, y su doctrina es verdadera;

II. Dios el Padre ha aceptado el sacrificio de su Hijo para la reconciliación del mundo;

III. Todos los creyentes resucitarán para la vida eterna.

345 **Ro 1.4** ... por el hecho de haber resucitado, fue declarado Hijo de Dios y se le dieron plenos poderes.

346 **Jn 2.19** Destruyan este templo, y en tres días volveré a levantarlo.

347 **1 Co 15.17** Y si Cristo no resucitó, la fe de ustedes no vale para nada: todavía siguen en sus pecados.

348 **Ro 4.25** [Cristo] fue entregado a la muerte por nuestros pecados y resucitado para librarnos de culpa.

349 **Jn 14.19** Y vivirán porque yo vivo.

350 **Jn 11.25-26** Yo soy la resurrección y la vida. El que cree en mí, aunque muera, vivirá; y todo el que todavía está vivo y cree en mí, no morirá jamás.

146. ¿Qué enseñan las Sagradas Escrituras en cuanto a la ascensión de Cristo?

Cristo, cuarenta días después de su resurrección, en presencia de sus discípulos, ascendió corporalmente y entró a la gloria de su Padre, a preparar lugar para nosotros.

351 **Sal 68.18** Oh Dios, subiste a lo alto llevando cautivos; recibiste tributo entre los hombres y hasta los rebeldes se rindieron a ti, Señor.

352 **Ef 4.10** Y el que bajó es el mismo que también subió a lo más alto del cielo, para llenarlo todo con su presencia.

353 **Jn 12.26** Si alguno quiere servirme, que me siga; y donde yo esté, allí estará también el que me sirva. Si alguno me sirve, mi Padre lo honrará.

H.B. **Lc 24.50-53; Hch 1.1-11** Historia de la ascensión de Cristo.

147. ¿Qué significa que Cristo está a la derecha de Dios Padre?

Con esta expresión, las Escrituras enseñan que Cristo, como verdadero hombre, no sólo está presente en todas partes, sino que ahora también ejerce su poder divino sobre todo el universo.

354 **Sal 110.1** El Señor dijo a mi señor: "Siéntate a mi derecha, hasta que yo haga de tus enemigos el estrado de tus pies."

355 **Ef 1.20-23** [Dios] resucitó a Cristo y lo hizo sentar a su derecha en el cielo, poniéndolo por encima de todo poder, autoridad, dominio y señorío, y por encima de todo lo que existe, tanto en este mundo como en el venidero. Sometió todas las cosas bajo los pies de Cristo, y a Cristo mismo lo dio a la iglesia como cabeza de todo. Pues la iglesia es el cuerpo de Cristo, la plenitud misma de Cristo; y Cristo es la plenitud de todas las cosas.

148. ¿Qué enseñan las Sagradas Escrituras con respecto a la segunda venida de Cristo?

Cristo, en el último día, volverá visiblemente y en gloria, para juzgar al mundo con justicia.

356 **Hch 1.11** Este mismo Jesús que estuvo entre ustedes y que ha sido llevado al cielo, vendrá otra vez de la misma manera que lo han visto irse allá.

357 **Hch 10.42** Dios lo ha puesto como Juez de los vivos y de los muertos.

358 **Hch 17.31** Porque Dios ha fijado un día en el cual juzgará al mundo con justicia, por medio de un hombre que él ha escogido; y de ello dio pruebas

a todos cuando lo resucitó.

359 **2 Pe 3.10** Pero el día del Señor vendrá como un ladrón. Entonces los cielos se desharán con un ruido espantoso, los elementos serán destruidos por el fuego, y la tierra, con todo lo que hay en ella, quedará sometida al juicio de Dios.

360 **Mr 13.32** Pero en cuanto al día y la hora, nadie lo sabe, ni aun los ángeles del cielo, ni el Hijo. Solamente lo sabe el Padre.

361 **1 Pe 4.7** Ya se acerca el fin de todas las cosas. Por eso sean ustedes juiciosos y dedíquense seriamente a la oración.

362 **2 Co 5.10** Porque todos tenemos que presentarnos ante el tribunal de Cristo, para que cada uno reciba lo que le corresponda, según lo bueno o lo malo que haya hecho mientras estaba en el cuerpo.

363 **Jn 12.48** Las palabras que yo he dicho lo condenarán en el día último.

H.B. **Mt 25.31-46** Cristo describe el juicio final.

149. ¿Qué palabras del Catecismo Menor describen el fruto de la exaltación de Cristo y también el fin de toda la obra redentora?

"Para que yo sea suyo y viva bajo él en su reino, y le sirva en justicia, inocencia y bienaventuranza eternas, así como él resucitó de la muerte y vive y reina eternamente. Esto es con toda certeza la verdad."

364 **Lc 1.74-75** Que nos libraría de nuestros enemigos, para servirle a él sin temor alguno y estar en su presencia, con rectitud y santidad, todos lo días de nuestra vida.

365 **2 Co 5.15** Y Cristo murió por todos, para que los que viven ya no vivan para sí mismos, sino para él, que murió y resucitó por ellos.

150. ¿Por qué concluyes este artículo con las palabras "Esto es con toda certeza la verdad"?

Porque todo lo que confieso en este artículo se enseña claramente en la Biblia, y, por lo tanto, lo creo firmemente.

ARTÍCULO TERCERO

La santificación

151. ¿Cuál es el tercer artículo?

Creo en el Espíritu Santo; la santa iglesia cristiana[2], la comunión de los santos; el perdón de los pecados; la resurrección de la carne y la vida perdurable. Amén.

152. ¿Qué quiere decir esto?

Creo que ni por mi propia razón, ni por mis propias fuerzas soy capaz de creer en Jesucristo, mi Señor, o venir a él; sino que el Epíritu Santo me ha llamado mediante el evangelio, me ha iluminado con sus dones y me ha santificado y conservado en la verdadera fe, del mismo modo que él llama, congrega, ilumina y santifica a toda la cristiandad en la tierra, y la conserva unida a Jesucristo en la verdadera y única fe; en esta cristiandad él me perdona todos los pecados a mí y a todos los creyentes, diaria y abundantemente, y en el último día me resucitará a mí y a todos los muertos y me dará en Cristo, juntamente con todos los creyentes, la vida eterna. Esto es con toda certeza la verdad.

153. ¿Qué cinco puntos trata el tercer artículo?

I. El Espíritu Santo; II. La iglesia; III. El perdón de los pecados; IV. La resurrección de la carne; V. La vida perdurable.

I. EL ESPÍRITU SANTO

154. ¿Quién es el Espíritu Santo?

El Espíritu Santo es la tercera persona de la Santa Trinidad, verdadero Dios con el Padre y el Hijo.

366 **Mt 28.19** Vayan, pues, a las gentes de todas las naciones, y háganlas mis discípulos; bautícenlas en el nombre del Padre, del Hijo y del Espíritu Santo.

367 **1 Co 3.16** ¿Acaso no saben ustedes que son templo de Dios, y que el

---

2. O se puede decir: "la santa iglesia católica", la versión original, también de uso extenso.

Espíritu de Dios vive en ustedes?

368 **Hch 5.3-4** Pedro le dijo: Ananías, ¿por qué entró Satanás en tu corazón, para hacerte mentir al Espíritu Santo? ...No has mentido a los hombres, sino a Dios.

369 **Sal 33.6** El cielo y cuanto hay en él, lo hizo el Señor por su palabra y por el soplo de su boca.

370 **Sal 139.7-10** ¿A donde podría ir, lejos de tu espíritu? ¿A dónde huiría, lejos de tu presencia? Si yo subiera a las alturas de los cielos, allí estás tú; y si bajara a las profundidades de la tierra, también estás allí; si levantara el vuelo hacia el oriente, o habitara en los limites del mar occidental, aun allí me alcanzaría tu mano; ¡tu mano derecha no me soltaría!

371 **1 Co 2.10** Pues el Espíritu lo examina todo, hasta las cosas más profundas de Dios.

155. ¿Por qué se llama Espíritu Santo?

I. El Espíritu Santo es santo en sí mismo.

II. Él nos santifica a nosotros, trayéndonos a la fe, y de este modo nos da a Cristo y su salvación.

372 **Is 6.3** Santo, santo, santo es el Señor todopoderoso; toda la tierra está llena de su gloria.

156. ¿Con qué palabras confiesas que la santificación no es obra tuya?

"Creo que ni por mi propia razón, ni por mis propias fuerzas soy capaz de creer en Jesucristo, mi Señor, o venir a él."

157. ¿Con qué palabras confiesas que la santificación es obra del Espíritu Santo?

"El Espíritu Santo me ha llamado mediante el evangelio, me ha iluminado con sus dones, y me ha santificado y conservado en la verdadera fe."

373 **1 Co 6.11** Pero ahora ya han sido limpiados y consagrados a Dios, ya han sido librados de culpa en el nombre del Señor Jesucristo y por el Espíritu de nuestro Dios.

158. ¿Por qué no puedes venir a Jesucristo ni creer en él por tu propia razón ni por tus propias fuerzas?

Las Sagradas Escrituras dicen que soy por naturaleza espiritualmente ciego, muerto y enemigo de Dios.

374 **1 Co 2.14** El que no es espiritual no acepta las cosas que son del Espíritu de Dios, porque para él son tonterías. Y tampoco las puede entender, porque son cosas que tienen que juzgarse espiritualmente.

375 **Ef 2.1** Antes ustedes estaban muertos a causa de las maldades y pecados.

376 **Ro 8.7** Los que se preocupan por lo puramente humano son enemigos de Dios.

377 **1 Co 12.3** Y tampoco puede decir nadie: "¡Jesús es Señor!", si no está hablando por el poder del Espíritu Santo.

LA OBRA DEL ESPÍRITU SANTO

159. ¿Qué ha hecho el Espíritu Santo para llevarte a Jesucristo y santificarte?

El Espíritu Santo me ha llamado mediante el evangelio.

378 **Lc 14.17** Vengan porque ya está todo listo.

H.B. **Lc 14.16-24** La parábola de la gran cena. **Mt 22.1-14** La parábola de la fiesta de bodas.

160. ¿Qué ha obrado el Espíritu Santo en ti por este llamamiento?

Mediante el evangelio el Espíritu Santo me ha iluminado con sus dones, de modo que conozco a Jesucristo como a mi Salvador, confío, creo, me regocijo y me consuelo en él (regeneración o conversión).

379 **2 Ti 1.9** Dios nos salvó y nos ha llamado a consagrarle nuestra vida, no por lo que nosotros hayamos hecho, sino porque ése fue su propósito y porque nos ama en Cristo Jesús.

380 **1 Pe 2.9** Pero ustedes son una familia escogida, un sacerdocio al servicio del rey, una nación santa, un pueblo adquirido por Dios. Y esto es así para que anuncien las obras maravillosas de Dios, el cual los llamó a salir de la oscuridad para entrar en su luz maravillosa.

381 **Jr 31.18** Hazme volver a ti, pues tú eres el Señor mi Dios.

382 **Ef 2.8-9** Pues por la bondad de Dios han recibido ustedes la salvación por medio de la fe. No es esto algo que ustedes mismos hayan conseguido, sino que les ha sido dado por Dios. No es el resultado de las propias acciones, de modo que nadie puede jactarse de nada.

383 **2 Co 4.6** Porque el mismo Dios que mandó que la luz brotara de la oscuridad, es el que ha hecho brotar su luz en nuestro corazón, para que por medio de ella podamos conocer la gloria de Dios que brilla en la cara de Jesucristo.

161. ¿Qué más ha obrado en ti el Espíritu Santo?

El Espíritu Santo me ha santificado y guardado mediante la verdadera fe, esto es, ha renovado mi corazón mediante la fe, y me da poder para resistir y vencer al diablo, el mundo y la carne, y para andar en santidad y buenas obras.

384 **1 Ts 4.3** Lo que Dios quiere es que ustedes vivan consagrados a él.

385 **Ef 2.10** Pues es Dios quien nos ha hecho; él nos ha creado en Cristo Jesús para que hagamos buenas obras, según él lo había dispuesto de antemano.

162. ¿Qué es una buena obra ante Dios?

Una buena obra es lo que un hijo de Dios hace, habla o piensa en la fe, de acuerdo con los Diez Mandamientos, para la gloria de Dios y el bienestar del prójimo.

386 **Jn 15.5** Yo soy la vid, y ustedes son las ramas. El que permanece unido a mí, y yo unido a él, da mucho fruto; pues sin mí no pueden ustedes hacer nada.

387 **Mt 15.9** De nada sirve que me rinda culto; sus enseñanzas son mandatos de hombres.

388 **1 Co 10.31** En todo caso, lo mismo si comen, que si beben, que si hacen cualquier otra cosa, háganlo todo para la gloria de Dios.

389 **1 Pe 4.10** Como buenos administradores de las variadas bendiciones de Dios, cada uno de ustedes sirva a los demás según los dones que haya recibido.

H.B. **Mr 12.41-44** La viuda dio todo lo que tenía. **Mr 14.3-9** Una mujer derrama perfume sobre Jesús. **Lc 10.38-42** Marta sirvió a Jesús y María oyó su Palabra.

163. ¿Qué enseñan las Escrituras acerca de los dones del Espíritu Santo?

Las Escrituras enseñan que el Espíritu Santo da dones a su iglesia. El Espíritu Santo, por medio de la Palabra y los sacramentos, libremente da a todos los cristianos los más preciosos dones: fe en Cristo, el perdón de los pecados, y la vida eterna. En tiempos apostólicos el Espíritu Santo también dio a algunos cristianos el don de obrar milagros (por ejemplo: curaciones, hablar en lenguas, resucitar muertos). Las Escrituras no enseñan, sin embargo, que Dios dará necesariamente a los cristianos en todos los tiempos y en todos los lugares, dones milagrosos. El Espíritu Santo da su bendición de acuerdo a su buena voluntad.

390 **2 Co 12.12** Con las señales, milagros y maravillas que con tanta paciencia he realizado entre ustedes, ha quedado comprobado que soy un verdadero apóstol.

164. ¿Finalmente, qué ha hecho en ti el Espíritu Santo?

El Espíritu Santo me ha conservado mediante el evangelio en la única y verdadera fe.

391 **1 Pe 1.5** Por la fe que ustedes tienen en Dios, él los protege con su poder para que alcancen la salvación que tiene preparada.

392 **Fil 1.6** Estoy seguro de que Dios, que comenzó a hacer su buena obra en ustedes, la irá llevando a buen fin hasta el día en que Jesucristo regrese.

165. ¿Ha hecho el Espíritu Santo toda esta obra solamente en ti?

No; el Espíritu Santo llama también a toda la cristiandad en la tierra, la congrega, ilumina y santifica, y la conserva en Jesucristo en la única y verdadera fe.

166. ¿Quiere el Espíritu Santo hacer todo esto en cada persona que oye el evangelio?

Dios el Espíritu Santo sinceramente quiere convertir a toda la gente y traerla a la salvación por medio del evangelio.

393 **Ez 33.11** Pero yo, el Señor, juro por mi vida que no quiero la muerte del malvado, sino que cambie de conducta y viva.

394 **1 Ti 2.4** Pues él quiere que todos se salven y lleguen a conocer la verdad.

395 **2 Pe 3.9** No es que el Señor se tarde en cumplir su promesa, como algunos suponen, sino que tiene paciencia con ustedes, pues no quiere que nadie muera, sino que todos se vuelvan a Dios.

167. ¿Por qué no se salva toda la gente?

Muchos rechazan la Palabra y resisten al Espíritu Santo, por lo tanto permanecen en la incredulidad y bajo el juicio de Dios por su propia culpa.

396 **Mt 22.14** Porque muchos son llamados, pero pocos escogidos.

397 **Hch 7.51** Pero ustedes... siempre han sido tercos, y tienen oídos y corazón paganos. Siempre están en contra del Espíritu Santo. Son iguales que sus antepasados.

398 **Mt 23.37** ¡Jerusalén, Jerusalén, que matas a los profetas y apedreas a los mensajeros que Dios te envía! ¡Cuántas veces quise juntar a tus hijos, como la gallina junta sus pollitos bajo las alas, pero no quisiste!

399 **Os 13.9** Voy a destruirte, Israel, y nadie podrá evitarlo.

LA IGLESIA

168. ¿Qué es la iglesia?

La iglesia es la comunión de los santos, el número total de aquellos que creen en Cristo. Sólo los creyentes son miembros de la iglesia.

400 **Ef 2.19-22** Por eso, ustedes ya no son extranjeros, ya no están fuera de su tierra, sino que ahora comparten con el pueblo de Dios todos los derechos, y son miembros de la familia de Dios. Ustedes son como un edificio levantado sobre los fundamentos que son los apóstoles y los profetas, y Jesucristo mismo es la piedra que corona el edificio. Unido a Cristo, todo el edificio va levantándose en todas y cada una de sus partes, hasta llegar a ser un templo consagrado y unido al Señor. Así también ustedes, unidos a Cristo, se unen todos entre sí para llegar a ser un templo en el cual Dios vive por medio de su Espíritu.

H.B. **Hch 2** Pentecostés.

169. ¿Por qué dices: "creo" en la iglesia?

I. La iglesia es invisible, y una persona no puede mirar dentro del corazón de otra para ver si ella cree o no.

II. Las Sagradas Escrituras nos aseguran que el Espíritu Santo en todo tiempo congrega y conserva una congregación de creyentes.

401 **2 Ti 2.19** Pero Dios ha puesto una base que permanece firme, en la cual está escrito: "El Señor conoce a los que le pertenecen."

402 **Lc 17.20-21** El reino de Dios no va a llegar en forma visible. No se va a decir: "Aquí está", o "Allí está"; porque el reino de Dios ya está entre ustedes.

403 **Mt 16.18** Y yo te digo que tú eres Pedro, y sobre esta piedra voy a construir mi iglesia; y ni siquiera el poder de la muerte podrá vencerla.

H.B. **1 R 19.8-18** Dios había conservado siete mil creyentes en Israel.

170. ¿Por qué dices: creo en "la" iglesia?

Hay una sola iglesia, un cuerpo espiritual de creyentes (santos), cuya única cabeza es Cristo.

404 **Ef 4.3-6** Procuren mantenerse siempre unidos, con la ayuda del Espíritu Santo y por medio de la paz que ya los une. Hay un solo cuerpo y un solo espíritu, así como Dios los ha llamado a una sola esperanza. Hay un Señor, una fe, un bautismo; hay un Dios y Padre de todos, que está sobre todos, actúa por medio de todos y está en todos.

171. ¿Por qué llamamos a la iglesia "santa"?

Porque está formada por gente santa, creyentes que han sido lavados con la sangre de Cristo, y que sirven a Dios con una vida santa.

405 **Ef 5.25-27** Cristo amó a la iglesia y dio su vida por ella. Esto lo hizo para consagrarla, purificándola por medio de la palabra y del agua del bautismo para presentársela a sí mismo como una iglesia gloriosa, sin mancha ni arruga ni nada parecido, sino consagrada y perfecta.

406 **1 Pe 2.5** De esta manera, Dios hará de ustedes, como de piedras vivas, un templo espiritual, un sacerdocio santo, que por medio de Jesucristo, ofrezca sacrificios espirituales, agradables a Dios.

172. ¿Por qué dices: Creo en la santa iglesia "cristiana"?

La iglesia le pertenece a Cristo, y está edificada sobre él.

407 **1 Co 3.11** Pues nadie puede poner otro fundamento que el que ya está puesto, que es Jesucristo.

173. ¿Dónde podemos encontrar esta santa iglesia cristiana?

La santa iglesia cristiana se encuentra donde se predica el evangelio de Cristo con pureza, y se administran los sacramentos de acuerdo al mandato de Dios.

408 **Is 55.10-11** Así como la lluvia y la nieve bajan del cielo, y no vuelven allá, sino que empapan la tierra, la fecundan y la hacen germinar, y producen la semilla para sembrar y el pan para comer, así también la palabra que sale de mis labios no vuelve a mí sin producir efecto, sino que hace lo que yo quiero y cumple la orden que le doy.

174. ¿Qué es la iglesia visible?

La iglesia visible es el número total de los que profesan la fe cristiana y se reúnen para oír la palabra de Dios. Sin embargo, entre los verdaderos creyentes hay también hipócritas.

H.B. **Hch 5.1-11** Ananías y Safira eran hipócritas. **Mt 13.24-26** El enemigo sembró cizaña entre el trigo. **Mt 13.47-48** La red atrapó toda clase de peces.

175. ¿Qué enseñan las Escrituras acerca de nuestra vida en la iglesia?

Siempre debemos buscar ser y permanecer miembros de la iglesia invisible, el cuerpo de Cristo, mediante fe sincera en Cristo nuestro Salvador. Debemos ser fieles a aquella iglesia visible, o denominación, que profesa y enseña toda la doctrina bíblica en forma pura, y administra los sacramentos de acuerdo a la institución de Cristo. Debemos evitar los falsos maestros, las iglesias falsas y las organizaciones que promueven una religión contraria a la palabra de Dios. Debemos también mantener y extender la iglesia de Dios contando a otros acerca de Jesucristo, por medio del servicio personal, la oración, y el apoyo económico.

409 **Jn 15.5** Yo soy la vid, y ustedes son las ramas. El que permanece unido a mí, y yo unido a él, da mucho fruto; pues sin mí no pueden ustedes hacer nada.

410 **2 Co 13.5** Examínense ustedes mismos, para ver si están firmes en la fe; pónganse a prueba.

411 **Jn 8.31-32** Si ustedes se mantienen fieles a mi palabra, serán de veras mis discípulos; conocerán la verdad, y la verdad los hará libres.

412 **Mt 7.15** Cuídense de esos mentirosos que pretenden hablar de parte de Dios. Vienen a ustedes disfrazados de ovejas, pero por dentro son lobos feroces.

413 **1 Jn 4.1** Queridos hermanos, no crean ustedes a todos los que dicen estar inspirados por Dios, sino pónganlos a prueba, a ver si el espíritu que hay en ellos es de Dios o no. Porque el mundo está lleno de mentirosos que dicen hablar de parte de Dios.

414 **Ro 16.17** Hermanos, les ruego que se fijen en los que causan divisiones y ponen tropiezos, pues eso va contra la enseñanza que ustedes recibieron.

415 **2 Co 6.14** No se unan ustedes en un mismo yugo con los que no creen.

416 **Jn 20.21** Como el Padre me envió a mí, así yo los envío a ustedes.

III. EL PERDÓN DE LOS PECADOS

176. ¿Por qué dices: "Creo en el perdón de los pecados"?

Creo en el perdón de los pecados porque, mediante Cristo, Dios ha declarado el perdón a toda la humanidad pecadora.

417 **Sal 130.3-4** Señor, Señor, si tuvieras en cuenta la maldad, ¿quién podría mantenerse de pie? Pero en ti encontramos perdón, para que te honremos.

418 **Sal 103.2-3** Bendeciré al Señor con toda mi alma; no olvidaré ninguno de sus beneficios. Él es quien perdona todas mis maldades, quien sana todas mis enfermedades.

419 **Ef 1.7** En su gran amor, Dios nos ha liberado por la sangre que su Hijo derramó, y ha perdonado nuestros pecados.

420 **Ro 3.28** Así llegamos a esta conclusión: que Dios declara libre de culpa al hombre que tiene fe, sin exigirle el cumplimiento de lo que manda la ley.

177. ¿De qué manera perdona Dios los pecados?

Dios no le toma en cuenta los pecados al pecador, es decir, Dios declara justo al pecador (Justificación).

421 **2 Co 5.21** Cristo no cometió pecado alguno; pero por causa nuestra, Dios lo trató como al pecado mismo, para así, por medio de Cristo, librarnos de culpa.

422 **Ro 8.33** ¿Quién podrá acusar a los que Dios ha escogido? Dios es quien los declara libres de culpa.

H.B. **Mt 18.33-35** Al siervo malvado se le perdonó la deuda.

178. ¿Quién recibe el perdón de los pecados?

Si bien el perdón se obtuvo para toda la humanidad y se ofrece mediante el evangelio a todos los que oyen, sin embargo, lo reciben solamente aquellos que creen el evangelio y aceptan el perdón.

423 **2 Co 5.19** Es decir que, en Cristo, Dios estaba poniendo al mundo en paz consigo mismo, sin tomar en cuenta los pecados de los hombres; y a nosotros nos encargó que diéramos a conocer este mensaje.

424 **Gn 15.6** Abram creyó al Señor, y por eso el Señor lo aceptó como justo.

425 **Ro 4.5** En cambio, si alguno cree en Dios, que libra de culpa al pecador, Dios lo acepta como justo por su fe, aunque no haya hecho nada que merezca su favor.

H.B. **Lc 18.9-14** El cobrador de impuestos aceptó el perdón.

179. ¿Qué confesamos, pues, en conjunto con nuestra iglesia, en cuanto al perdón de los pecados o la justificación?

Recibimos el perdón de los pecados y somos justificados ante Dios, no por medio de nuestras obras, sino por gracia, por los méritos de Cristo, mediante la fe.

426 **Ro 3.23-25** Pues todos han pecado y están lejos de la presencia salvadora de Dios. Pero Dios, en su bondad y gratuitamente, los ha librado de culpa, mediante la liberación que se alcanza por Cristo Jesús. Dios hizo que Cristo, al derramar su sangre, fuera el instrumento del perdón. Este perdón se alcanza por la fe, y demuestra que Dios es justo y que, si pasó por alto los pecados de otro tiempo, fue sólo a causa de su paciencia.

180. ¿Puede todo creyente estar seguro del perdón de sus pecados y de la

salvación?

Sí; todo creyente debe estar seguro del perdón de sus pecados y de la salvación, porque la promesa de Dios es segura.

427 **2 Ti 1.12** Yo sé en quién he puesto mi confianza; y estoy seguro de que él tiene poder para guardar hasta aquel día lo que me ha encomendado.

428 **Ro 8.38-39** Estoy convencido de que nada podrá separarnos del amor de Dios: ni la muerte, ni la vida, ni los ángeles, ni los poderes y fuerzas espirituales, ni lo presente, ni lo futuro, ni lo alto, ni lo profundo, ni ninguna otra de las cosas creadas por Dios. ¡Nada podrá separarnos del amor que Dios nos ha mostrado en Cristo Jesús nuestro Señor!

181. *¿Por qué debemos mantener con toda firmeza especialmente esta doctrina?*

El perdón de los pecados es el artículo principal de la doctrina cristiana, por el cual la iglesia se distingue de todas las religiones falsas, da toda la gloria únicamente a Dios, y trae consuelo permanente a los pobres pecadores.

H.B. **Mt 9.1-8** Cristo consoló al paralítico perdonándole los pecados.

IV. LA RESURRECCIÓN DE LA CARNE

182. *¿Qué enseñan las Escrituras acerca de la resurrección del cuerpo?*

En el último día Dios me resucitará con todos los muertos, de manera que mi cuerpo será vivificado de nuevo.

429 **Jn 5.28-29** Va a llegar la hora en que todos los muertos oirán su voz y saldrán de las tumbas. Los que hicieron el bien, resucitarán para tener vida; pero los que hicieron el mal, resucitarán para ser condenados.

183. *¿Qué diferencia habrá entre los muertos en la resurrección?*

Los creyentes resucitarán con cuerpos glorificados, y entrarán en la eternidad con Dios; los incrédulos se levantarán para muerte eterna, esto es, para vergüenza y tormento en el infierno para siempre.

430 **Dn 12.2** Muchos de los que duermen en la tumba, despertarán: unos para vivir eternamente, y otros para la vergüenza y el horror eternos.

431 **Job 19.25-27** Yo sé que mi defensor vive, y que él será mi abogado

aquí en la tierra. Y aunque la piel se me caiga a pedazos, yo, en persona, veré a Dios. Con mis propios ojos he de verlo, yo mismo y no un extraño.

432 **Fil 3.21** [Jesucristo] cambiará nuestro cuerpo miserable para que sea como su propio cuerpo glorioso. Y lo hará por medio del poder que tiene para dominar todas las cosas.

433 **Lc 16.23-24** Y mientras el rico sufría en el lugar adonde van los muertos, levantó los ojos y vio de lejos a Abraham, y a Lázaro con él. Entonces gritó: "¡Padre Abraham, ten lástima de mí! Manda a Lázaro que moje la punta de su dedo en agua y venga a refrescar mi lengua, porque estoy sufriendo mucho en este fuego."

434 **Mt 10.28** No tengan miedo de los que pueden darles muerte pero no pueden disponer de su destino eterno; teman más bien al que puede darles muerte y también puede destruirlos para siempre en el infierno.

435 **Is 66.24** Los gusanos que se los comen no morirán, y el fuego que los devora no se apagará. ¡Serán algo repugnante para toda la humanidad!

436 **Mt 7.13** Entren por la puerta angosta. Porque la puerta y el camino que llevan a la perdición son anchos y espaciosos, y muchos entran por ellos.

H.B. **Lc 16.19-31** El hombre rico y el pobre Lázaro. Hay solamente dos lugares después de la muerte: el cielo y el infierno. **Lc 12.47-48** Hay grados de condenación. **1 Co 15.51-52** La transformación de los sobrevivientes.

V. LA VIDA PERDURABLE

184. ¿Qué enseñan las Escrituras en cuanto a la vida perdurable?

Todos los creyentes, cuando mueren, al instante están presentes en alma con Cristo, y al último día estarán con él en cuerpo y alma, y vivirán en su compañía en eterno gozo y gloria.

437 **Lc 23.43** Te aseguro que hoy estarás conmigo en el paraíso.

438 **Ap 14.13** Dichosos de aquí en adelante los que mueren unidos al Señor.

439 **Jn 10.27-28** Mis ovejas reconocen mi voz, y yo las conozco y ellas me siguen. Yo les doy la vida eterna, y jamás perecerán ni nadie me las quitará.

440 **1 Jn 3.2** Queridos hermanos, ya somos hijos de Dios. Y aunque no sabemos lo que seremos después, sabemos que cuando Jesucristo aparezca seremos como él, porque lo veremos tal como es.

441 **Sal 16.11** Hay gran alegría en tu presencia; hay dicha eterna junto a ti.

442 **Jn 17.24** Padre, tú me los diste, y quiero que estén conmigo donde yo voy a estar, para que vean mi gloria, la gloria que me has dado; porque me has amado desde antes que el mundo fuera hecho.

443 **Ro 8.18** Considero que los sufrimientos del tiempo presente no son nada si los comparamos con la gloria que habremos de ver después.

444 **2 Co 9.6** El que siembra poco, poco cosecha; el que siembra mucho, mucho cosecha (grados de gloria eterna).

185. ¿A quién se dará la vida perdurable?

La vida perdurable se dará a mí y a todos los creyentes, pero sólo a los creyentes.

445 **Jn 3.16** Pues Dios amó tanto al mundo, que dio a su Hijo único, para que todo aquel que cree en él no muera, sino que tenga vida eterna.

446 **Jn 3.36** El que cree en el Hijo, tiene vida eterna; pero el que no quiere creer en el Hijo, no tendrá esa vida, sino que recibirá el terrible castigo de Dios.

447 **Mt 24.13** Pero el que siga firme hasta el fin, será salvo.

186. ¿Estás seguro de que tú también entrarás en la vida perdurable?

Así como creo en Cristo mi Salvador, así también creo que he sido elegido para la vida perdurable, de pura gracia, sin ningún mérito de mi parte, y que nadie podrá quitarme de la mano de Dios.

448 **Ef 1.3-6** Alabemos al Dios y Padre de nuestro Señor Jesucristo, pues en nuestra unión con Cristo nos ha bendecido en los cielos con toda clase de bendiciones espirituales. Dios nos escogió en Cristo desde la creación del mundo, para estar en su presencia, consagrados a él y sin culpa. Por su amor nos había destinado a ser adoptados como hijos suyos por medio de Jesucristo, conforme a lo que se había propuesto en su voluntad. Por esta causa alabamos siempre a Dios por su gloriosa bondad, con la cual nos bendijo mediante su amado Hijo.

449 **Ro 8.28-30** Sabemos que Dios dispone todas las cosas para el bien de quienes le aman, a los cuales él ha llamado de acuerdo con su propósito. A los que de antemano Dios había conocido, los destinó desde un principio a ser como su Hijo, para que su Hijo fuera el mayor entre muchos hermanos. Y a los que Dios destinó desde un principio, también los llamó; y a los que llamó, los declaró libres de culpa; y a los que declaró libres de culpa, les dio parte en su gloria.

187. ¿Por qué concluyes este artículo con las palabras: "Esto es con toda certeza la verdad"?

Porque todo lo que confieso en este artículo es enseñado claramente en la Biblia, y por lo tanto lo creo firmemente.

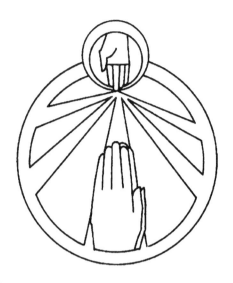

TERCERA PARTE

El Padrenuestro

188. *¿Qué privilegio y qué mandamiento a dado Dios a los creyentes en Cristo Jesús?*

Dios ordena e invita a los creyentes en Cristo Jesús a orar.

450 **Mt 7.7-8** Pidan, y Dios les dará; busquen, y encontrarán; llamen a la puerta, y se les abrirá. Porque el que pide, recibe; y el que busca, encuentra; y al que llama a la puerta, se le abre.

189. *¿Qué es orar?*

Orar es hablar con Dios en palabras y pensamientos.

451 **Sal 19.14** Sean aceptables a tus ojos mis palabras y mis pensamientos, oh Señor, refugio y libertador mío.

452 **Is 65.24** Antes que ellos me llamen, yo les responderé; antes que terminen de hablar, yo los escucharé.

453 **Mt 6.7** Y al orar no repitas palabras inútiles, como hacen los paganos, que se imaginan que cuanto más hablen más caso les hará Dios.

190. ¿Por qué debemos orar?

Debemos orar porque Dios nos lo ordena, y por sus promesas de escucharnos.

454 **Sal 27.8** El corazón me dice: "Busca la presencia del Señor." Y yo, Señor, busco tu presencia.

455 **Sal 145.18-19** El Señor está cerca de los que le invocan, de los que le invocan con sinceridad. Él cumple los deseos de los que le honran; cuando le piden ayuda, los oye y los salva.

456 **Sal 50.15** Llámame cuando estés angustiado; yo te libraré, y tú me honrarás.

191. ¿A quién debemos orar?

Debemos orar solamente al verdadero Dios: Padre, Hijo, y Espíritu Santo. No debemos orar ni a santos, ni a ídolos, ni a ninguna cosa que Dios creó.

457 **Mt 4.10** Adora al Señor tu Dios, y sírvele sólo a él.

458 **Sal 65.2** [¡Tú] escuchas la oración! Todo el mundo viene a ti.

192. ¿Qué debemos pedir a Dios en nuestras oraciones?

Debemos pedir a Dios todo lo que glorifique su nombre y sea para el bienestar del prójimo, tanto bendiciones espirituales como temporales.

459 **Fil 4.6** No se aflijan por nada, sino preséntenselo todo a Dios en oración; pídanle, y denle gracias también.

460 **Mr 11.24** Por eso les digo que todo lo que ustedes pidan en oración, crean que ya lo han conseguido, y lo recibirán.

193. ¿Cómo debemos orar?

A. Debemos orar en el nombre de Jesús y con firme confianza.

461 **Jn 16.23** En aquel día ya no me preguntarán nada. Les aseguro que el Padre les dará todo lo que le pidan en mi nombre.

462 **Mt 21.22** Y todo lo que ustedes, al orar, pidan con fe, lo recibirán.

B. De acuerdo a la voluntad revelada de Dios.

463 **Lc 11.13** Pues si ustedes, que son malos, saben dar cosas buenas a sus hijos, ¡cuánto más el Padre que está en el cielo dará el Espíritu Santo a quienes se lo pidan!

464 **Mt 8.2** Señor, si quieres, puedes limpiarme de mi enfermedad.

465 **1 Jn 5.14** Tenemos confianza en Dios, porque sabemos que si le pedimos algo conforme a su voluntad, él nos oye.

194. ¿Por quién debemos orar?

Debemos orar por nosotros mismos y por todas las demás personas, pero nunca por los muertos.

466 **1 Ti 2.1** Ante todo recomiendo que se hagan peticiones, oraciones, súplicas y acciones de gracias a Dios por toda la humanidad.

467 **Mt 5.44** Pero yo les digo: Amen a sus enemigos, y oren por quienes los persiguen.

468 **He 9.27** Todos han de morir una sola vez y después vendrá el juicio.

H.B. **Lc 18.13** El cobrador de impuestos oró por sí mismo. **Gn 18.29-32** Abraham intercedió por Sodoma. **Mt 15.22-28** La mujer extranjera rogó por su hija. **Lc 23.34** Jesucristo pidió por sus enemigos. **Hch 7.59** Esteban oró por sus asesinos.

195. ¿Dónde debemos orar?

Debemos orar en todo lugar, especialmente cuando estamos solos, con nuestras familias, y en el templo.

469 **1 Ti 2.8** Así pues, quiero que los hombres oren en todas partes, y que eleven sus manos a Dios con pureza de corazón y sin enojos ni discusiones.

470 **Mt 6.6** Pero tú, cuando ores, entra en tu cuarto, cierra la puerta y ora a tu Padre que está allí a solas contigo. Y tu Padre, que ve lo que haces en secreto, te dará tu premio.

471 **Sal 26.12** ¡Bendeciré al Señor en presencia de su pueblo!

196. ¿Cuándo debemos orar?

Debemos orar en todo tiempo y frecuentemente, y especialmente durante la aflicción.

472 **1 Ts 5.17** Oren en todo momento.

473 **Is 26.16** En la aflicción te buscamos, Señor, cuando nos corriges con un simple murmullo.

Nota: Véanse las oraciones para la mañana y la noche, y también para las comidas en el Catecismo Menor.

EL PADRENUESTRO O LA ORACIÓN DEL SEÑOR

Padre nuestro que estás en los cielos; santificado sea tu nombre; venga a nos tu reino; hágase tu voluntad, así en la tierra como en el cielo; el pan nuestro de cada día, dánoslo hoy; y perdónanos nuestras deudas, así como nosotros perdonamos a nuestros deudores; y no nos dejes caer en la tentación; mas líbranos del mal; porque tuyo es el reino, el poder y la gloria por los siglos de los siglos. Amén **(Mt 6.9-13; Lc 11.2-4).**

INTRODUCCIÓN

Padre nuestro que estás en los cielos.

197. ¿Qué quiere decir esto?

Con esta invocación Dios quiere acercarnos para que creamos que él es nuestro verdadero Padre y nosotros sus verdaderos hijos, de modo que con valor y plena confianza le supliquemos, como hijos amados a su amoroso padre.

198. ¿Por qué desea Dios que le llamemos "Padre"?

Dios desea animarnos a orar sin ningún temor o duda.

474 **1 Jn 3.1** Miren cuánto nos ama Dios el Padre, que se nos puede llamar hijos de Dios, y lo somos.

475 **Ro 8.15** Pues ustedes no han recibido un espíritu de esclavitud que los lleve otra vez a tener miedo, sino el Espíritu que los hace hijos de Dios. Por este Espíritu nos dirigimos a Dios, diciendo: "¡Padre mío!"

476 **Ef 3.14-15** Por esta razón me pongo de rodillas delante del Padre, de

quien recibe su nombre toda familia, tanto en el cielo como en la tierra.

199. ¿Por qué decimos Padre "nuestro"?

Todos los creyentes somos hijos de un mismo Padre en Cristo y debemos, por lo tanto, orar los unos por los otros y con los otros.

477 **Ef 4.6** Hay un Dios y Padre de todos, que está sobre todos, actúa por medio de todos y está en todos.

200. ¿Por qué agregamos: "que estás en los cielos"?

Porque queremos recordar que nuestro Padre es Señor de todo, y es capaz de hacer mucho más de lo que pedimos o entendemos.

478 **Sal 124.8** La ayuda nos viene en el nombre del Señor, creador del cielo y de la tierra.

201. ¿Qué rogamos en las siete peticiones?

En las primeras tres peticiones rogamos por bendiciones espirituales; en la cuarta, por los dones temporales; y en las últimas tres, por la prevención de lo malo.

PRIMERA PETICIÓN

Santificado sea tu nombre.

202. ¿Qué quiere decir esto?

El nombre de Dios ya es santo en sí mismo; pero en esta petición rogamos que también sea santificado entre nosotros.

203. ¿Cómo sucede esto?

Cuando la palabra de Dios es enseñada con toda pureza, y cuando también vivimos santamente conforme a ella, como hijos de Dios. ¡Ayúdanos a que esto sea así, amado Padre celestial! Pero quien enseña y vive de manera distinta de lo que enseña la palabra de Dios, profana entre nosotros el nombre de Dios. De ello, ¡guárdanos, Padre celestial!

204. ¿Qué rogamos a Dios en la primera petición?

Rogamos que Dios nos dé doctrina pura y nos ayude a vivir santamente.

479 **Jn 17.17** Conságralos a ti mismo por medio de la verdad; tu palabra es

la verdad.

480 **Mt 5.16** Del mismo modo, procuren ustedes que su luz brille delante de la gente, para que, viendo el bien que ustedes hacen, todos alaben a su Padre que está en el cielo.

205. ¿De qué le rogamos que nos guarde?

Rogamos que Dios nos guarde de doctrina falsa y de una vida impía.

481 **Ez 22.26** Los sacerdotes de este país tuercen el sentido de mis enseñanzas y profanan las cosas que yo considero sagradas; no hacen ninguna distinción entre lo sagrado y lo profano, ni enseñan a otros a distinguir entre lo puro y lo impuro.

482 **Ro 2.23-24** Te ufanas de la ley, pero deshonras a Dios porque la desobedeces. Con razón dice la Escritura: "Los paganos ofenden a Dios por culpa de ustedes."

206. ¿Cómo se santifica entre nosotros el nombre de Dios mediante doctrina pura y vida santa?

El nombre de Dios no se hace santo mediante la doctrina pura y una vida santa, puesto que ya es santo en sí mismo; pero de esta manera reconocemos su nombre como santo entre nosotros, y así lo glorificamos aquí en la tierra.

SEGUNDA PETICIÓN

Venga a nos tu reino.

207. ¿Qué quiere decir esto?

El reino de Dios viene en verdad por sí solo, aún sin nuestra oración. Pero rogamos en esta petición que venga también a nosotros.

208. ¿Cómo sucede esto?

Cuando el Padre celestial nos da su Espíritu Santo, para que, por su gracia, creamos su santa Palabra y llevemos una vida de piedad, tanto aquí en este mundo temporal como allá en el otro, eternamente.

209. ¿Qué es el reino de Dios?

El reino de Dios es su gobierno como rey sobre el universo (reino de poder), sobre la iglesia en la tierra (reino de gracia), y sobre la iglesia y los ángeles en el cielo (reino de gloria).

210. ¿Qué rogamos en la segunda petición?

No rogamos que Dios venga en su reino de poder, porque ya está aquí presente, sino que pedimos que Dios envíe su Espíritu Santo para que creamos su Palabra y vivamos una vida piadosa como miembros de su reino de gracia. También rogamos que apresure la venida de su reino de gloria.

483 **Jn 3.5** El que no nace de agua y del Espíritu, no puede entrar en el reino de Dios.

484 **Mt 9.38** Por eso, pidan ustedes al Dueño de la cosecha que mande trabajadores a recogerla.

485 **Lc 12.32** No tengan miedo, ovejas mías; ustedes son pocos, pero el Padre, en su bondad, ha decidido darles el reino.

H.B. **Hch 4.24-30** Oración por la extensión del reino.

TERCERA PETICIÓN

Hágase tu voluntad, así en la tierra como en el cielo.

211. ¿Qué quiere decir esto?

La buena y misericordiosa voluntad de Dios se hace, en verdad, sin nuestra oración; pero rogamos en esta petición que se haga también entre nosotros.

212. ¿Cómo sucede esto?

Cuando Dios desbarata y estorba todo mal propósito y voluntad que tratan de impedir que santifiquemos el nombre de Dios y de obstaculizar la venida de su reino, tales como la voluntad del diablo, del mundo y de nuestra carne. Así también se hace la voluntad de Dios, cuando él nos fortalece y nos mantiene firmes en su Palabra y en la fe hasta el fin de nuestros días. Esta es su misericordiosa y buena voluntad.

213. ¿Cuál es la buena y misericordiosa voluntad de Dios?

Es la voluntad de Dios que su nombre sea santificado y que venga su reino, o sea, que se enseñe correctamente su Palabra y que los pecadores lleguen a la fe en Cristo y vivan una vida piadosa.

486 **Dt 4.2** No añadan ni quiten nada a lo que yo les ordeno; cumplan los mandamientos del Señor su Dios, que yo les ordeno.

214. ¿Qué planes y voluntades se oponen a la voluntad de Dios?

El diablo, el mundo y nuestra propia naturaleza pecadora se oponen a la voluntad de Dios.

487 **1 Pe 5.8** Sean prudentes y manténganse despiertos, porque su enemigo el diablo, como un león rugiente, anda buscando a quien devorar.

488 **1 Jn 2.15-17** No amen al mundo, ni lo que hay en el mundo. Si alguno ama al mundo, no ama al Padre; porque nada de lo que el mundo ofrece viene del Padre, sino del mundo mismo. Y esto es lo que el mundo ofrece: los malos deseos de la naturaleza humana, el deseo de poseer lo que agrada a los ojos, y el orgullo de las riquezas. Pero el mundo se va acabando, con todos sus malos deseos; en cambio, el que hace la voluntad de Dios vive para siempre.

215. ¿Qué, pues, pedimos a Dios en la tercera petición?

Pedimos que él estorbe todos los planes perversos y toda mala voluntad, y que nos fortalezca y nos mantenga firmes en su Palabra y en la fe, de modo que nosotros hagamos alegremente su voluntad, como los ángeles en el cielo, y en toda tribulación tengamos paciencia hasta el fin.

489 **Ro 16.20** El Dios de paz aplastará pronto a Satanás bajo los pies de ustedes.

490 **1 Pe 1.5** Por la fe que ustedes tienen en Dios, él los protege con su poder para que alcancen la salvación que tiene preparada, la cual dará a conocer en los tiempos últimos.

491 **Fil 1.6** Estoy seguro de que Dios, que comenzó a hacer su buena obra en ustedes, la irá llevando a buen fin hasta el día en que Jesucristo regrese.

CUARTA PETICIÓN

El pan nuestro de cada día, dánoslo hoy.

216. ¿Qué quiere decir esto?

Dios da diariamente el pan, también sin nuestra súplica, aun a todos los malos; pero rogamos con esta petición que él nos haga reconocer esto y así recibamos nuestro pan cotidiano con gratitud.

217. ¿Qué es el pan cotidiano?

Todo aquello que se necesita como alimento y para satisfacción de las necesidades de esta vida, como: comida, bebida, vestido, calzado, casa, hogar, tierras, ganado, dinero, bienes; piadoso cónyuge, hijos piadosos, piadosos criados, autoridades piadosas y fieles; buen gobierno, buen tiempo; paz, salud, buen orden, buena reputación, buenos amigos, vecinos fieles, y cosas semejantes a éstas.

218. ¿Por qué pedimos a Dios por el pan cotidiano?

Pedimos el pan de cada día, que incluye todo lo que necesitamos para la vida, porque Cristo quiere que reconozcamos que toda nuestra vida depende de Dios, y para que recibamos sus bendiciones con gratitud.

492 **Mt 5.45** Él hace que su sol salga sobre malos y buenos, y manda la lluvia sobre justos e injustos.

493 **Sal 145.15-16** Los ojos de todos esperan de ti, que tú les das su comida a su tiempo. Abres tu mano, y con tu buena voluntad satisfaces a todos los seres vivos.

H.B. **Lc 5.1-7** La pesca milagrosa fue un don de Jesucristo.

219. ¿Cómo nos provee Dios de nuestro pan cotidiano?

Él hace producir la tierra, y nos bendice con la habilidad de trabajar por las cosas que necesitamos. Dios quiere también que compartamos con los que no pueden trabajar.

494 **2 Ts 3.10-12** El que no quiera trabajar, que tampoco coma. Pero hemos sabido que algunos de ustedes viven sin trabajar, muy ocupados en no hacer nada. A tales personas les mandamos y encargamos, por la autoridad del Señor Jesucristo, que trabajen tranquilamente para ganarse la vida.

495 **Is 58.7** Parte tu pan con el hambriento.

220. ¿Por qué Jesús nos enseña a decir: "de cada día" y "dánoslo hoy"?

Estas palabras nos enseñan a no ser avaros o derrochadores o a preocuparnos acerca del futuro, sino a vivir en la confianza de que Dios proveerá todo lo que necesitamos.

496 **Pr 30.**7-9 Sólo dos cosas te he pedido, oh Dios, concédemelas antes de que muera: aleja de mi la falsedad y la mentira, y no me hagas rico ni pobre; dame sólo el pan necesario, porque si me sobra, podría renegar de ti y decir que no te conozco; y si me falta, podría robar y ofender así tu divino nombre.

497 **1 Ti 6.8** Si tenemos qué comer y con qué vestirnos, ya nos podemos dar por satisfechos.

498 **Mt 6.33-34** Por lo tanto, pongan toda su atención en el reino de Dios, y en hacer lo que Dios exige, y recibirán todas las cosas. No se preocupen por el día de mañana, porque mañana habrá tiempo para preocuparse. Cada día tiene bastante con sus propios problemas.

H.B. **Lc 12.15-21** Obró tontamente el hombre que almacenó para muchos años.

QUINTA PETICIÓN

Y perdónanos nuestras deudas, así como nosotros perdonamos a nuestros deudores.

221. ¿Qué quiere decir esto?

Con esta petición rogamos al Padre celestial que no tome en cuenta nuestros pecados, ni por causa de ellos nos niegue lo que pedimos. En efecto, nosotros no somos dignos de recibir nada de lo que imploramos, ni tampoco lo hemos merecido. Pero quiera Dios dárnoslo todo por su gracia, pues diariamente pecamos mucho y sólo merecemos el castigo. Así, por cierto, también por nuestra parte perdonemos de corazón, y con agrado hagamos bien a los que contra nosotros pecaren.

222. ¿Qué confesamos cuando oramos esta petición?

Confesamos que pecamos diariamente y que no merecemos otra cosa que castigo.

499 **Pr 28.13** Al que disimula el pecado, no le irá bien; pero el que lo confiesa y lo deja, será perdonado.

223. ¿Qué rogamos en la quinta petición?

Rogamos que el Padre en el cielo, por los méritos de Cristo, y por su gracia, nos perdone nuestros pecados.

500 **Sal 19.12** ¿Quién se da cuenta de sus propios errores? ¡Perdona, Señor, mis faltas ocultas!

224. ¿Qué quiere Dios que hagamos por aquellos que pecan contra nosotros?

Nuestro Padre celestial quiere que perdonemos y que hagamos bien a aquellos que pecan contra nosotros.

501 **Mt 5.23-24** Así que, si al llevar tu ofrenda al altar te acuerdas de que tu hermano tiene algo contra ti, deja tu ofrenda allí mismo delante del altar y ve primero a ponerte en paz con tu hermano. Entonces podrás volver al altar y presentar tu ofrenda.

502 **Mt 18.21-22** Entonces Pedro fue y preguntó a Jesús: Señor, ¿cuántas veces deberé perdonar a mi hermano, si me hace algo malo? ¿Hasta siete? Jesús le contestó: No te digo hasta siete veces, sino hasta setenta veces siete.

225. ¿Qué demostramos cuando perdonamos a otros?

Mostramos que verdaderamente creemos que Dios nos ha perdonado.

503 **Mt 6.14-15** Porque si ustedes perdonan a otros el mal que les han hecho, su Padre que está en el cielo los perdonará también a ustedes; pero si no perdonan a otros, tampoco su Padre les perdonará a ustedes sus pecados.

H.B. **Mt 18.23-35** El funcionario que no quiso perdonar.

SEXTA PETICIÓN

Y no nos dejes caer en la tentación.

226. ¿Qué quiere decir esto?

Dios, en verdad, no tienta a nadie; pero con esta petición le rogamos que nos guarde y preserve, a fin de que el diablo, el mundo y nuestra carne, no nos engañen y seduzcan, llevándonos a una fe errónea, a la desesperación y a otras grandes vergüenzas y vicios. Y aún cuando fuéremos tentados a ello, que al fin logremos vencer y retener la victoria.

227. ¿Qué quiere decir "tentar" y "tentación" en las Escrituras?

En las Escrituras estas palabras tienen dos significados:

A. Cuando Dios pone a prueba nuestra fe para acercarnos a él.

504 **Jn 6.5-6** Cuando Jesús miró y vio la mucha gente que lo seguía, le dijo a Felipe: ¿dónde vamos a comprar comida para toda esta gente? Pero lo dijo para ver qué contestaría Felipe, porque Jesús mismo sabía bien lo que había de hacer.

505 **Stg 1.2-3** Hermanos míos, ustedes deben tenerse por muy dichosos cuando se vean sometidos a pruebas de toda clase. Pues ya saben que cuando su fe es puesta a prueba, ustedes aprenden a soportar con fortaleza el sufrimiento.

H.B. **Gn 22.1-19** El Señor tentó a Abraham para fortalecer su fe. **Mr 7.25-30** Cristo probó la fe de la mujer extranjera.

B. Los intentos de nuestros enemigos espirituales para alejarnos de Dios y sus caminos.

506 **Mr 14.38** Manténganse despiertos y oren, para que no caigan en tentación. Ustedes tienen buena voluntad, pero su cuerpo es débil.

507 **Stg 1.13-14** Cuando alguno se sienta tentado a hacer lo malo, no piense que es tentado por Dios, porque Dios ni siente la tentación de hacer lo malo, ni tienta a nadie para que lo haga. Al contrario, uno es tentado por sus propios malos deseos, que lo atraen y lo seducen.

508 **1 Pe 5.8-9** Sean prudentes y manténganse despiertos, porque su enemigo el diablo, como un león rugiente, anda buscando a quien devorar. Resístanle, firmes en la fe.

509 **Mt 18.6-7** A cualquiera que haga caer en pecado a uno de estos pequeños que creen en mí, más le valdría que lo hundieran en lo profundo del mar con una gran piedra de molino atada al cuello. ¡Qué malo es para el mundo que haya tantas invitaciones al pecado! Siempre las habrá, pero ¡ay del hombre que haga pecar a los demás!

H.B. **Gn 3.1-16** La serpiente tentó a Eva. **Mt 4.1-11** El diablo tentó a Jesucristo. **Mt 27.4-5** Judas, desesperado, se ahorcó. **Lc 22.54-55** Pedro se expuso a la tentación.

228. ¿Qué rogamos pues en la sexta petición?

Pedimos a nuestro Padre en los cielos que nos dé fuerza para resistir y vencer las tentaciones.

510 **1 Co 10.13** Ustedes no han pasado por ninguna prueba que no sea humanamente soportable. Y pueden ustedes confiar en Dios que no les dejará sufrir pruebas más duras de lo que pueden soportar. Por el contrario, cuando llegue la prueba, Dios les dará también la manera de salir de ella, para que puedan soportarla.

511 **Ef 6.13** Tomen toda la armadura que Dios les ha dado, para que puedan resistir en el día malo y, después de haberse preparado bien, mantenerse firmes.

SÉPTIMA PETICIÓN

Mas líbranos del mal.

229. ¿Qué quiere decir esto?

Con esta petición rogamos, como en resumen, que el Padre celestial nos libre de todo lo que puede perjudicar nuestro cuerpo y alma, nuestros bienes y honra, y que al fin, cuando llegue nuestra última hora, nos conceda un fin bienaventurado, y, por su gracia, nos lleve de este valle de lágrimas al cielo, para morar con él.

512 **Sal 91.10** No te sobrevendrá ningún mal ni la enfermedad llegará a tu casa.

513 **Hch 14.22** Para entrar en el reino de Dios hay que sufrir muchas aflicciones.

514 **He 12.6** Porque el Señor corrige a quien él ama, y castiga a aquel a quien recibe como hijo.

515 **Job 5.19** Una y otra vez te librará del peligro, y no dejará que el mal llegue a ti.

516 **2 Ti 4.18** Me librará de todo mal, y me guardará para su reino celestial.

517 **Lc 2.29-32** Ahora, Señor, tu promesa está cumplida: puedes dejar que tu siervo muera en paz. Porque ya he visto la salvación que has comenzado a realizar a la vista de todos los pueblos, la luz que alumbrará a las naciones y que será la honra de tu pueblo Israel.

CONCLUSIÓN

Porque tuyo es el reino, el poder y la gloria por los siglos de los siglos. Amén.

230. ¿Qué quiere decir esto?

Que debo estar en la certeza de que el Padre celestial acepta estas peticiones y las atiende; pues él mismo nos ha ordenado a orar así y ha prometido atendernos. Amén, amén, quiere decir: Sí, sí, que así sea.

231. ¿Cómo sé que Dios es capaz de responder las oraciones de su pueblo?

A. Él solo es el rey que tiene todos los dones bajo su control.

518 **Stg 1.17** Todo lo bueno y perfecto que se nos da, viene de arriba, de Dios, que creó los astros del cielo. Dios es siempre el mismo: en él no hay cambio que produzca sombras.

519 **Sal 103.2-3** Bendeciré al Señor con toda mi alma; no olvidaré ninguno de sus beneficios. Él es quien perdona todas mis maldades, quien sana todas mis enfermedades.

B. Sólo él tiene el poder de concedernos nuestras peticiones.

520 **Sal 33.6** El cielo y cuanto hay en él lo hizo el Señor por su palabra y por el soplo de su boca.

521 **Ef 3.20-21** Y ahora, gloria sea a Dios, que tiene poder para hacer muchísimo más de lo que nosotros pedimos o pensamos, por medio de su poder que actúa en nosotros. ¡Gloria a Dios en la iglesia y en Cristo Jesús, por todos los siglos y para siempre! Así sea.

C. Él tiene toda la gloria y es digno de nuestra alabanza.

522 **Sal 113.4-5** El Señor está por encima de las naciones; ¡su gloria está por encima del cielo! Nadie es comparable al Señor nuestro Dios, que reina allá en lo alto.

523 **1 Ti 1.17** ¡Demos honor y gloria para siempre al Rey eterno, al inmortal, invisible y único Dios! Así sea.

LOS SACRAMENTOS

232. ¿Qué es un sacramento?

Un sacramento es un acto sagrado ordenado por Dios, en el cual Dios mismo ha unido su Palabra de promesa a un elemento visible. Por medio de los sacramentos, Dios nos ofrece, da y sella el perdón de los pecados que Cristo logró.

233. ¿Cuántos sacramentos hay?

Hay dos sacramentos: el Santo Bautismo y la Cena del Señor.

CUARTA PARTE

El Bautismo

PRIMERO: qué es el Bautismo

El bautismo no es simple agua solamente, sino que es agua comprendida en el mandato divino y ligada con la palabra de Dios.

234. ¿Qué palabra de Dios es ésta?

Es la palabra que nuestro Señor Jesucristo dice en el último capítulo del Evangelio según San Mateo: "Vayan, pues, a las gentes de todas las naciones, y háganlas mis discípulos; bautícenlas en el nombre del Padre, del Hijo y del Espíritu Santo."

235. ¿Qué significa la palabra bautizar?

Bautizar significa aplicar agua lavando, derramando, rociando, o sumergiendo.

524 **Mr 7.4** Y cuando regresan del mercado, no comen sin antes cumplir con la ceremonia de lavarse. Y aun tienen muchas otras costumbres, como lavar

los vasos, los jarros, las vasijas de metal y las camas.

525 **Hch 22.16** Levántate y bautízate, invocando el nombre del Señor para lavarte de tus pecados.

526 **Mt 3.11** Pero el que viene después de mí los bautizará con el Espíritu Santo y con fuego.

Nótese en **Hch 2.16-17** la palabra *derramar*.

236. ¿Quién instituyó el Santo Bautismo?

Dios mismo instituyó el Santo Bautismo; pues Jesucristo nuestro Señor, en el último capítulo de San Mateo, dio a su iglesia el mandato de bautizar a todas las naciones.

527 **Mt 28.18-20** Dios me ha dado toda autoridad en el cielo y en la tierra. Vayan, pues, a las gentes de todas las naciones, y háganlas mis discípulos; bautícenlas en el nombre del Padre, del Hijo y del Espíritu Santo, y enséñenles a obedecer todo lo que les he mandado a ustedes. Por mi parte, yo estaré con ustedes todos los días, hasta el fin del mundo.

237. ¿Quién debe administrar el Bautismo?

Por lo regular deben administrar el Bautismo los ministros debidamente llamados de Cristo, pero en caso de necesidad cualquier cristiano puede hacerlo.

528 **1 Co 4.1** Ustedes deben considerarnos simplemente como ayudantes de Cristo, encargados de enseñar los secretos del plan de Dios.

238. ¿Qué quiere decir bautizar en el nombre del Padre, y del Hijo, y del Espíritu Santo?

Bautizar en el nombre del Padre, y del Hijo, y del Espíritu Santo es recibir a una persona en la comunión del Dios trino mediante el Bautismo de acuerdo con el mandato de Cristo.

239. ¿Quién debe ser bautizado?

Deben bautizarse todas las naciones, esto es, todos los seres humanos; niños, jóvenes y ancianos.

240. ¿Qué distinción debe hacerse al bautizar?

Aquellos que pueden recibir instrucción deben ser bautizados después de haber sido enseñados en las partes principales de la fe cristiana. Los niños pequeños deberán ser bautizados cuando sean traídos por aquellos que tienen autoridad sobre ellos.

529 **Hch 2.41** Así pues, los que hicieron caso de su mensaje fueron bautizados.

530 **Mr 16.15-16** Vayan por todo el mundo y anuncien a todos este mensaje de salvación. El que crea y sea bautizado, será salvo; pero el que no crea, será condenado.

241. ¿Deben bautizarse los bebés y niños pequeños también?

A. Los niños pequeños y bebés están incluidos en la frase: *todas las naciones*

531 **Mt 28.19** Vayan, pues, a las gentes de todas las naciones, y háganlas mis discípulos; bautícenlas en el nombre del Padre, del Hijo y del Espíritu Santo.

B. Jesús especialmente invita a los niños pequeños a venir a él.

532 **Mr 10.13-15** Llevaron unos niños a Jesús, para que los tocara; pero los discípulos comenzaron a reprender a quienes los llevaban. Jesús, viendo esto, se enojó y les dijo: Dejen que los niños vengan a mí, y no se lo impidan, porque el reino de Dios es de quienes son como ellos. Les aseguro que el que no acepta el reino de Dios como un niño, no entrará en él.

C. Los niños son pecadores y necesitan lo que el Bautismo ofrece.

533 **Jn 3.5-6** Te aseguro que el que no nace de agua y del Espíritu, no puede entrar en el reino de Dios. Lo que nace de padres humanos, es humano; lo que nace del Espíritu, es espíritu.

D. Los niños también pueden creer.

534 **Mt 18.6** A cualquiera que haga caer en pecado a uno de estos pequeños que creen en mí, más le valdría que lo hundieran en lo profundo del mar con una gran piedra de molino atada al cuello.

H.B. **Hch 16.15** Lidia fue bautizada con su familia. **Hch 16.33** El carcelero de Filipos fue bautizado con toda su familia.

242. ¿Por qué la iglesia anima el uso de padrinos?

Los padrinos testifican que los niños han sido debidamente bautizados; cuidan por la educación cristiana de sus ahijados, y oran por ellos. Sólo aquellos que confiesan la misma fe debieran ser padrinos.

535 **Mt 18.16** Que toda acusación se base en el testimonio de dos o tres testigos.

SEGUNDO: la bendición del Bautismo

243. ¿Qué grandes y preciosas cosas se ofrecen en el Bautismo?

El Bautismo:

A. Obra el perdón de los pecados;

536 **Hch 2.38** Vuélvanse a Dios y bautícese cada uno en el nombre de Jesucristo, para que Dios les perdone sus pecados, y así él les dará el Espíritu Santo.

B. Rescata de la muerte y del diablo;

537 **Gá 3.26-27** Pues por la fe en Cristo Jesús todos ustedes son hijos de Dios, y por el bautismo han venido a estar unidos con Cristo y se encuentran revestidos de él.

538 **Col 1.13-14** Dios nos libró del poder de la oscuridad y nos llevó al reino de su amado Hijo, por quien nos salvó y nos perdonó nuestros pecados.

C. Da salvación eterna.

539 **Mr 16.16** El que crea y sea bautizado, será salvo.

540 **Tit 3.5** Por medio del agua del bautismo nos ha hecho nacer de nuevo; por medio del Espíritu Santo nos ha dado nueva vida.

244. ¿Si Cristo ya ha ganado el perdón y la salvación por nosotros y nos otorga esas bendiciones por gracia, para qué necesitamos el Bautismo?

Ciertamente Cristo ha ganado perdón completo y salvación para toda la raza humana. Él distribuye ese perdón por medio del Bautismo (el Bautismo es un medio de gracia).

541 **1 Co 6.11** Pero ahora ya han sido lavados y consagrados a Dios, ya han sido librados de culpa en el nombre del Señor Jesucristo y por el Espíritu de

nuestro Dios.

245. ¿A quién concede el Santo Bautismo todas estas bendiciones?

El Bautismo concede estas bendiciones a todos los que creen las promesas salvadoras de Dios.

542 **Mr 16.16** El que crea y sea bautizado, será salvo; pero el que no crea, será condenado.

246. ¿Es posible para una persona salvarse sin el Bautismo?

Sólo la falta de fe condena. No puede haber fe en la persona que rechaza el Bautismo. Pero aquellos que creen en el evangelio, y mueren sin haber tenido la oportunidad de ser bautizados, no son condenados.

543 **Lc 7.30** Los fariseos y los maestros de la ley no se hicieron bautizar por Juan, despreciando de este modo lo que Dios había querido hacer en favor de ellos.

TERCERO: el poder del Bautismo

247. ¿Cómo puede el agua hacer cosas tan grandes?

El agua en verdad no las hace, sino la palabra de Dios que está con el agua y unida a ella, y la fe que confía en dicha palabra de Dios ligada con el agua, porque, sin la palabra de Dios, el agua es simple agua, y no es bautismo; pero con la palabra de Dios, sí es bautismo, es decir, es un agua de vida, llena de gracia, y un lavamiento de regeneración en el Espíritu Santo, como San Pablo dice a Tito en el tercer capítulo: "Por medio del lavamiento nos ha hecho nacer de nuevo; por medio del Espíritu Santo nos ha dado nueva vida; y por medio de nuestro Salvador Jesucristo nos ha dado el Espíritu Santo en abundancia, para que, habiéndonos librado de culpa por su bondad, recibamos la vida eterna que esperamos." Esto es con toda certeza la verdad.

248. ¿Cómo recibimos, pues, por el agua del Bautismo tan grandes bendiciones?

La palabra de Dios pone estas grandes cosas en el Bautismo; pues sin esta palabra de Dios el agua es simple agua. La fe, que confía en esta palabra de Dios ligada con el agua, las toma del Bautismo y se las apropia.

544 **Ef 5.25-26** Cristo amó a la iglesia y dio su vida por ella. Esto lo hizo

para consagrarla, purificándola por medio de la palabra y del lavamiento del agua del bautismo.

249. ¿Por qué las Sagradas Escrituras dicen que por el Bautismo Dios nos ha hecho "nacer de nuevo", y que por medio del Espíritu Santo nos ha dado "nueva vida"?

En el Bautismo el Espíritu Santo produce la fe y así crea en nosotros una nueva vida espiritual.

CUARTO: lo que el Bautismo significa

250. ¿Qué significa este bautizar con agua?

Significa que el viejo Adán en nosotros debe ser ahogado por pesar y arrepentimiento diarios, y que debe morir con todos sus pecados y malos deseos; asimismo, también cada día debe surgir y resucitar la nueva persona, que ha de vivir eternamente delante de Dios en justicia y pureza.

251. ¿Dónde está escrito esto?

San Pablo dice en Romanos, capítulo seis: "Pues por el bautismo fuimos sepultados con Cristo, y morimos para ser resucitados y vivir una vida nueva, así como Cristo fue resucitado por el glorioso poder del Padre" **(Ro 6.4).**

252. ¿Qué es el viejo Adán?

El viejo Adán es nuestra naturaleza corrompida y mala que heredamos por causa de la caída de Adán en pecado.

545 **Ef 4.22** En cuanto a su antigua manera de vivir, desháganse ustedes de su vieja naturaleza, que está corrompida, engañada por sus malos deseos.

253. ¿Cómo debemos ahogar al viejo Adán?

Debemos ahogar al viejo Adán en nosotros por medio de la contrición diaria y el arrepentimiento. Así podemos resistir y vencer los malos deseos.

546 **Gá 5.24** Los que son de Jesucristo, ya han crucificado la naturaleza del hombre pecador junto con sus pasiones y malos deseos.

254. ¿Qué es la nueva persona?

La nueva persona es la nueva naturaleza y vida espiritual, creada en nosotros por el lavamiento que nos ha hecho nacer de nuevo.

547 **2 Co 5.17** El que está unido a Cristo es una nueva persona.

255. ¿Cómo surge y resucita en nosotros esta nueva persona?

La nueva persona surge y resucita en nosotros cuanto vivimos y crecemos cada día delante de Dios en la verdadera fe y las buenas obras.

548 **Ef 4.24** ...y revestirse de la nueva naturaleza, creada según la voluntad de Dios y que se muestra en una vida recta y pura, basada en la verdad.

256. ¿Cómo significa el Bautismo el ahogar diario del viejo Adán y el renacimiento de la nueva persona?

Por nuestro Bautismo participamos de la muerte y de la resurrección de Cristo. Así como él sepultó nuestros pecados, así también nosotros podemos y debemos diariamente vencerlos y sepultarlos; y así como él resucitó de entre los muertos y vive, así también nosotros podemos y debemos andar diariamente en vida nueva.

549 **Ro 6.3-4** ¿No saben ustedes que, al quedar unidos a Cristo Jesús por el bautismo, quedamos unidos a su muerte? Pues por el bautismo fuimos sepultados con Cristo Jesús, y morimos para ser resucitados y vivir una vida nueva, así como Cristo fue resucitado por el glorioso poder del Padre. Si nos hemos unido a Cristo en una muerte como la suya, también nos uniremos a él en su resurrección. Sabemos que lo que antes éramos fue crucificado con Cristo, para que el poder de nuestra naturaleza pecadora quedara destruido y ya no siguiéramos siendo esclavos del pecado.

257. ¿Con qué palabras recordamos regularmente nuestro Bautismo?

Las palabras "en el nombre del Padre, del Hijo y del Espíritu Santo", vienen de la institución del Bautismo **(Mt 28.19)**. Al repetir esas palabras en la iglesia, o por nosotros mismos, recordamos, proclamamos y confesamos ante el cielo, la tierra y el infierno, todo lo que Dios, la Santa Trinidad, nos ha dado en nuestro Bautismo.

ORDEN PARA EL BAUTISMO DE URGENCIA

En caso de necesidad, en ausencia del pastor, cualquier cristiano puede administrar el Santo Bautismo.

Tome agua, llame a la persona por su nombre y aplique el agua diciendo: "Yo te bautizo en el nombre del Padre, y del Hijo, y del Espíritu Santo. Amén."

Si hay suficiente tiempo, antes del Bautismo se puede decir el Credo Apostólico y se puede orar el Padrenuestro.

QUINTA PARTE

Confesión y absolución

Manera como se debe enseñar a la gente sencilla a confesarse

258. ¿Qué es la confesión?

La confesión contiene dos partes. La primera, es la confesión de los pecados, y, la segunda, el recibir la absolución del confesor como de Dios mismo, no dudando de ella en lo más mínimo, sino creyendo firmemente que por ella los pecados son perdonados ante Dios en el cielo.

259. ¿Qué pecados hay que confesar?

Ante Dios uno debe declararse culpable de todos los pecados, aún de aquellos que ignoramos, tal como lo hacemos en el Padrenuestro. Pero, ante el confesor, debemos confesar solamente los pecados que conocemos y sentimos en nuestro corazón.

260. ¿Cuáles son tales pecados?

Considera tu estado basándote en los Diez Mandamientos, seas padre, madre, hijo o hija, señor o señora o servidor, para saber si has sido desobediente, infiel, perezoso, violento, insolente, reñidor; si hiciste un mal a alguno con palabras u obras; si hurtaste, fuiste negligente o derrochador, o causaste algún otro daño.

261. ¿Cuál es la primer parte de la confesión?

La primera parte es cuando confesamos, o reconocemos nuestros pecados.

550 **Sal 32.3,5** Mientras no confesé mi pecado, mi cuerpo iba decayendo por mi gemir de todo el día ...pero te confesé sin reservas mis pecados y mi maldad; decidí confesarte mis pecados, y tú, Señor, los perdonaste.

551 **Sal 51.3-4** Reconozco que he sido rebelde; mi pecado no se borra de mi mente. Contra ti he pecado, y sólo contra ti, haciendo lo malo, lo que tú condenas.

262. ¿Qué pecados debemos confesar ante Dios?

Ante Dios debemos reconocernos culpables de todos los pecados, aún de aquellos que ignoramos, como lo hacemos en el Padrenuestro.

552 **Sal 19.12** ¿Quién se da cuenta de sus propios errores? ¡Perdona, Señor, mis faltas ocultas!

553 **Pr 28.13** Al que disimula el pecado, no le irá bien; pero el que lo confiesa y lo deja, será perdonado.

554 **1 Jn 1.8-9** Si decimos que no tenemos pecado, nos engañamos a nosotros mismos y no hay verdad en nosotros; pero si confesamos nuestros pecados, podemos confiar en que Dios hará lo que es justo: nos perdonará nuestros pecados y nos limpiará de toda maldad.

263. ¿Qué pecados debemos confesar también ante nuestro prójimo?

Ante nuestro prójimo debemos confesar todos los pecados que hemos cometido contra él.

555 **Stg 5.16** Por eso, confiésense unos a otros sus pecados.

556 **Mt 5.23-24** Así que, si al llevar tu ofrenda al altar te acuerdas de que tu hermano tiene algo contra ti, deja tu ofrenda allí mismo delante del altar y ve primero a ponerte en paz con tu hermano. Entonces podrás volver al altar y presentar tu ofrenda.

264. Qué pecados somos animados a confesar privadamente ante nuestro pastor o confesor?

Ante el pastor o confesor confesamos aquellos pecados que conocemos y sentimos en nuestro corazón, especialmente aquellos que nos atormentan.

557 **2 S 12.13** David admitió ante Natán: He pecado contra el Señor. Y Natán le respondió: El Señor no te va a castigar a ti por tu pecado, y no morirás.

558 **Mt 3.5-6** La gente de Jerusalén y todos los de la región de Judea y de la región cercana al Jordán salían a oírle. Confesaban sus pecados y Juan los bautizaba en el río Jordán.

Nota: Nadie debe ser obligado a confesar sus pecados en privado.

265. ¿Cuál es la segunda parte de la confesión?

La segunda parte de la confesión es cuando recibimos la absolución, o sea, el perdón de los pecados.

559 **Is 1.18** El Señor dice: Vengan, vamos a discutir este asunto. Aunque sus pecados sean como el rojo más vivo, yo los dejaré blancos como la nieve; aunque sean como tela teñida de púrpura, yo los dejaré blancos como la lana.

266. ¿Cómo debemos tomar la absolución (perdón) que recibimos del pastor?

Debemos recibir la absolución del pastor como de Dios mismo, sin dudar, creyendo firmemente de que nuestros pecados están perdonados ante Dios en el cielo.

560 **Mt 18.18** Lo que ustedes desaten en este mundo, también quedará desatado en el cielo.

561 **Jn 20.23** A quienes ustedes perdonen los pecados, les quedarán perdonados.

SEXTA PARTE

La Cena del Señor

PRIMERO: lo que es la Cena del Señor

267. ¿Qué es la Cena del Señor?

Es el verdadero cuerpo y la verdadera sangre de nuestro Señor Jesucristo bajo el pan y el vino, instituido por Cristo mismo para que los cristianos comamos y bebamos.

268. ¿Dónde está escrito esto?

Así escriben los santos evangelistas Mateo, Marcos y Lucas, y también San Pablo: "Nuestro Señor Jesucristo, la noche en que fue entregado, tomó el pan; y habiendo dado gracias, lo partió y dio a sus discípulos, diciendo: Tomen, coman; esto es mi cuerpo que por ustedes es dado. Hagan esto en memoria de mí. Asimismo tomó también la copa, después de haber cenado, y habiendo dado gracias, la dio a ellos, diciendo: Tomen, y beban de ella todos; esta copa es el nuevo pacto en mi sangre, que es derramada por ustedes para remisión de los pecados. Hagan esto, todas las veces que beban, en memoria mía" **(Mt 26.26-28; Mr 14.22-24; Lc 22.19-20; 1 Co**

11.23-26).

269. ¿Qué otros nombres tiene este sacramento?

La Cena del Señor se llama también: Partimiento del Pan, Santa Cena, Sacramento del Altar, Eucaristía, Santa Comunión.

562 **Hch 2.42** Todos seguían firmes en lo que los apóstoles les enseñaban, y compartían lo que tenían, y oraban y se reunían para partir el pan.

563 **1 Co 11.20** El resultado de esas divisiones es que la cena que ustedes toman en sus reuniones ya no es realmente la cena del Señor.

564 **1 Co 10.17** Aunque somos muchos, todos comemos de un mismo pan, y por esto somos un mismo cuerpo.

Nota: La palabra eucaristía viene del griego: "dar gracias."

270. ¿Quién instituyó la Cena del Señor?

Jesucristo, verdadero Dios y verdadero hombre, instituyó este sacramento.

565 **1 Co 11.23-24** Porque yo recibí del Señor esta enseñanza que les di: Que la misma noche que el Señor Jesús fue traicionado, tomó en sus manos pan y, después de dar gracias a Dios, lo partió y dijo: "Esto es mi cuerpo, entregado a muerte para bien de ustedes. Hagan esto en memoria de mí."

271. ¿Qué nos da Cristo en este sacramento?

En este sacramento Cristo nos da su propio cuerpo y sangre para el perdón de los pecados.

566 **Mt 26.26,28** Esto es mi cuerpo ...esto es mi sangre.

272. ¿Cómo nos deja en claro la Biblia que estas palabras de Cristo no son lenguaje figurado?

Las palabras de Cristo en el sacramento se deben tomar literalmente especialmente porque:

A. Estas palabras son las palabras de un testamento, y aún el testamento de una persona ordinaria no se cambiaría una vez que tal persona muerte.

567 **1 Co 11.25** Esta copa es el nuevo pacto [testamento] confirmado con mi sangre.

568 **Gá 3.15** Cuando un hombre hace un trato y lo respalda con su firma,

nadie puede anularlo ni agregarle nada.

B. La palabra de Dios enseña claramente que en el sacramento el pan y el vino son una comunión o participación en el cuerpo y la sangre de Cristo.

569 **1 Co 10.16** Cuando bebemos de la copa bendita por la cual damos gracias a Dios, nos hacemos uno con Cristo en su sangre; cuando comemos del pan que partimos, nos hacemos uno con Cristo en su cuerpo.

C. La palabra de Dios enseña claramente que aquellos que usan mal el sacramento pecan, no contra el pan y el vino, sino contra el cuerpo y la sangre de Cristo.

570 **1 Co 11.27** Así pues, cualquiera que come del pan o bebe de la copa del Señor de manera indigna, comete un pecado contra el cuerpo y la sangre del Señor.

273. ¿Cuáles son los elementos visibles en este sacramento?

Los elementos visibles en la Cena del Señor son pan, hecho de harina, y vino, el fruto de la vid.

274. El cuerpo y la sangre de Cristo, ¿reemplazan al pan y al vino, de tal manera que el pan y el vino no existen más?

No, el pan y el vino permanecen en el sacramento.

571 **1 Co 11.26** De manera que, hasta que venga el Señor, ustedes proclaman su muerte cada vez que comen de este pan y beben de esta copa.

275. ¿Cómo es que en este sacramento el pan y el vino son el cuerpo y la sangre de Cristo?

En este sacramento el pan y el vino son el cuerpo y la sangre de Cristo por la unión sacramental. Por el poder de su palabra, Cristo da su cuerpo y sangre en, con, y bajo el pan y el vino consagrados.

572 **1 Co 10.16** Cuando bebemos de la copa bendita por la cual damos gracias a Dios, nos hacemos uno con Cristo en su sangre; cuando comemos del pan que partimos, nos hacemos uno con Cristo en su cuerpo.

276. ¿Reciben todos los comulgantes el cuerpo y la sangre en este sacramento, sea que crean o no?

Sí, porque la unión sacramental depende de las palabras de Cristo, no de la fe del que participa.

573 **1 Co 11.27** Cualquiera que come del pan y bebe de la copa de Señor de manera indigna, comete un pecado contra el cuerpo y la sangre del Señor.

277. ¿Qué ordena nuestro Señor Jesucristo cuando dice: "Hagan esto en memoria de mí"?

Con estas palabras Cristo ordena a su iglesia a que celebre la Cena del Señor hasta el fin de los tiempos, como una proclamación y distribución viviente de su muerte salvadora.

574 **1 Co 11.26** De manera que, hasta que venga el Señor, ustedes proclaman su muerte cada vez que comen de este pan y beben de esta copa.

278. ¿Por qué debemos recibir este sacramento frecuentemente?

Debemos recibir este sacramento con frecuencia porque:

A. Cristo nos ordena: "Hagan esto en memoria de mí."

B. Sus palabras "dado y derramada por ustedes para el perdón de los pecados", nos prometen y ofrecen grandes bendiciones.

575 **Mt 11.28** Vengan a mí todos ustedes que están cansados de sus trabajos y cargas, y yo los haré descansar.

C. Necesitamos el perdón de nuestros pecados y fortalecimiento para llevar una vida nueva y santa.

576 **Jn 15.5** Yo soy la vid, y ustedes son las ramas. El que permanece unido a mí, y yo unido a él, da mucho fruto; pues sin mí no pueden ustedes hacer nada.

SEGUNDO: el beneficio de la Cena del Señor

279. ¿Qué beneficios confiere el comer y beber así?

Los beneficios los indican estas palabras: "por ustedes dado" y "por ustedes derramada para perdón de los pecados." O sea, por estas palabras se nos da en el sacramento perdón de pecados, vida y salvación; porque donde hay perdón de pecados, hay también vida y salvación.

280. ¿Qué beneficios se ofrecen en este sacramento?

A. La mayor bendición de este sacramento es el perdón de los pecados que el cuerpo y la sangre de Cristo nos ganaron en la cruz para nosotros (la Cena del Señor es un medio de gracia).

577 **Mt 26.28** Esto es mi sangre, con la que se confirma el pacto, la cual es derramada en favor de muchos para perdón de sus pecados.

578 **1 Jn 1.7** La sangre de su Hijo Jesucristo nos limpia de todo pecado.

B. Junto con el perdón de los pecados Dios nos da también otras bendiciones, como vida y salvación.

579 **Ro 8.32** Si Dios no nos negó ni a su propio Hijo, sino que lo entregó a la muerte por todos nosotros, ¿cómo no habrá de darnos también, junto con su Hijo, todas las cosas?

C. En este sacramento Cristo nos da la victoria sobre el pecado y el infierno, y fortaleza para la nueva vida en él.

580 **Ro 8.10** Pero si Cristo vive en ustedes, el espíritu vive porque Dios los ha librado de culpa, aun cuando el cuerpo esté destinado a la muerte por causa del pecado.

D. Como cristianos participamos juntos de este sacramento. Así hacemos pública confesión de Cristo, y de nuestra unidad en la verdad de su evangelio.

581 **1 Co 10.17** Aunque somos muchos, todos comemos de un mismo pan, y por eso somos un solo cuerpo.

582 **1 Co 11.26** De manera que, hasta que venga el Señor, ustedes proclaman su muerte cada vez que comen de este pan y beben de esta copa.

TERCERO: el poder de la Cena del Señor

281. ¿Cómo puede el comer y beber corporal hacer una cosa tan grande?

Ciertamente, el comer y beber no es lo que la hace, sino las palabras que están aquí escritas: "Por ustedes dado" y "por ustedes derramada para perdón de los pecados." Estas palabras son, junto con el comer y beber corporal, lo principal en el sacramento. Y el que cree dichas palabras, tiene lo que ellas dicen y expresan; esto es: "el perdón de los pecados."

282. ¿Cómo se recibe mediante el comer y beber perdón de pecados, vida y salvación?

No simplemente por comer y beber; sino que las palabras de Cristo, junto con su cuerpo y sangre, bajo el pan y el vino, son la forma por medio de la cual se dan estas bendiciones. Las palabras de Cristo han puesto estos dones en el sacramento, y los creyentes los reciben por medio de la fe.

283. ¿Recibe cada comulgante estos beneficios?

Perdón, vida y salvación se ofrecen verdaderamente a todos los que comen y beben el cuerpo y la sangre del Señor; pero sólo por fe podemos recibir las bendiciones que allí se ofrecen.

CUARTO: cómo recibir este sacramento saludablemente

284. ¿Quién recibe este sacramento dignamente?

El ayunar y prepararse corporalmente es, por cierto, un buen disciplinamiento externo; pero verdaderamente digno y bien preparado es aquél que tiene fe en las palabras: "por ustedes dado" y "por ustedes derramada para perdón de los pecados." Mas el que no cree estas palabras, o duda de ellas, no es digno, ni está preparado; porque las palabras "por ustedes" exigen corazones enteramente creyentes.

285. ¿Por qué es importante recibir este sacramento dignamente?

Es muy importante porque San Pablo claramente enseña: "Por tanto, cada uno debe examinar su propia conciencia antes de comer del pan y beber de la copa. Porque si come y bebe sin fijarse en que se trata del cuerpo del Señor, para su propio castigo come y bebe" **(1 Co 11.28-29).**

286. ¿Cuándo recibimos este sacramento dignamente?

Cuando tenemos fe en Cristo y en sus palabras: "Dado y derramada por ustedes para perdón de los pecados."

287. ¿Cuándo una persona es indigna y no está preparada?

Cuando no cree o duda de las palabras de Cristo, porque las palabras "por ustedes", exigen corazones creyentes.

288. ¿Cómo debemos examinarnos antes de recibir este sacramento?

Tenemos que examinarnos para ver si:

A. Lamentamos nuestro pecado;

583 **Sal 38.18** ¡Voy a confesar mis pecados, pues me llenan de inquietud!

B. Creemos en nuestro Salvador Jesucristo y en sus palabras en este sacramento;

584 **Lc 22.19-20** Esto es mi cuerpo, entregado a muerte en favor de ustedes. ...Esta copa es el nuevo pacto confirmado con mi sangre, la cual es derramada en favor de ustedes.

C. Nos proponemos, con la ayuda del Espíritu Santo, cambiar nuestras vidas pecaminosas.

585 **Ef 4.22-24** En cuanto a su antigua manera de vivir, desháganse ustedes de la vieja naturaleza, que está corrompida, engañada por sus malos deseos. Ustedes deben renovarse en su mente y en su espíritu, y revestirse de la nueva naturaleza, creada según la voluntad de Dios y que se muestra en una vida recta y pura, basada en la verdad.

Nota: Como una forma de prepararse, se pueden usar las "Preguntas Cristianas con sus respuestas", páginas 23-25.

289. ¿Pueden participar de la Cena del Señor los que son débiles en la fe?

Sí, porque Cristo instituyó este sacramento con el propósito de fortalecer e incrementar nuestra fe.

586 **Mr 9.24** Yo creo. ¡Ayúdame a creer más!

587 **Jn 6.37** Y los que vienen a mí, no los echaré fuera.

290. ¿A quién no se le debe dar este sacramento?

No se le debe dar a los siguientes:

A. A aquellos que son abiertamente impíos y no se arrepienten, incluyendo aquellos que toman parte de adoraciones religiosas no cristianas.

588 **1 Co 10.20-21** No pueden beber de la copa del Señor y, a la vez, de la copa de los demonios; ni pueden sentarse a la mesa del Señor y, a la vez, a la mesa de los demonios.

B. A aquellos que no quieren perdonar, y rehúsan reconciliarse. Ellos demuestran que no creen que realmente Dios los perdone.

589 **Mt 6.15** Pero si no perdonan a otros, tampoco su Padre les perdonará a ustedes sus pecados.

H.B. **Mt 18.21-35** El funcionario que no quiso perdonar.

C. A aquellos que no confiesan la misma fe, porque la Cena del Señor es un testimonio de la unidad de la fe.

590 **1 Co 10.17** Aunque somos muchos, todos comemos de un mismo pan, y por esto somos un solo cuerpo.

D. A aquellos que no pueden examinarse a sí mismos, como los niños pequeños, los que no recibieron instrucción adecuada, o los que están en estado inconsciente.

591 **1 Co 11.28** Por tanto, cada uno debe examinar su propia conciencia antes de comer del pan y beber de la copa.

EL OFICIO DE LAS LLAVES

291. ¿Qué es el oficio de las llaves?

El oficio de las llaves es el poder especial que nuestro Señor Jesucristo ha dado a su iglesia en la tierra de perdonar los pecados a los penitentes, y de no perdonar a los impenitentes mientras no se arrepientan.

292. ¿Dónde está escrito esto?

Así escribe el evangelista San Juan en el capítulo veinte: "El Señor sopló sobre ellos, y les dijo: Reciban el Espíritu Santo. A quienes ustedes perdonen los pecados, les quedarán perdonados; y a quienes no se los perdonen, les quedarán sin perdonar."

293. ¿Qué crees según estas palabras?

Cuando los ministros debidamente llamados de Cristo, por su mandato divino, tratan con nosotros, especialmente cuando excluyen a los pecadores manifiestos e impenitentes de la congregación cristiana, y cuando absuelven a los que se arrepienten de sus pecados y prometen enmendarse, creo que esto es tan válido y cierto, también en el cielo, como si nuestro Señor Jesucristo mismo tratase con nosotros.

294. ¿Qué autoridad especial ha dado Cristo a su iglesia en la tierra?

Cristo a dado a su iglesia la autoridad de perdonar los pecados y de retener el perdón.

592 **Mt 18.18** Les aseguro que lo que ustedes aten en este mundo, también quedará atado en el cielo, y lo que ustedes desaten en este mundo, también quedará desatado en el cielo.

593 **Jn 20.22-23** [Jesús] sopló sobre ellos, y les dijo: Reciban el Espíritu Santo. A quienes ustedes perdonen los pecados, les quedarán perdonados; y a quienes no se los perdonen, les quedarán sin perdonar.

295. ¿Por qué esta autoridad se llama el oficio de las llaves?

Esta autoridad funciona como una llave que abre el cielo por medio del perdón de los pecados, o lo cierra por medio de la retención del perdón.

594 **Mt 16.19** Te daré las llaves del reino de los cielos.

296. ¿En qué consiste esta autoridad o poder?

Consiste en predicar el evangelio, administrar los sacramentos, y especialmente en perdonar y en retener el perdón.

595 **Mt 28.18-20** Dios me ha dado toda autoridad en el cielo y en la tierra. Vayan, pues, a las gentes de todas las naciones, y háganlas mis discípulos; bautícenlas en el nombre del Padre, del Hijo y del Espíritu Santo, y enséñenles a obedecer todo lo que les he mandado a ustedes. Por mi parte yo estaré con ustedes todos los días, hasta el fin de mundo.

596 **1 Pe 2.9** Pero ustedes son una familia escogida, un sacerdocio al servicio del rey, una nación santa, un pueblo adquirido por Dios. Y esto es así para que anuncien las obras maravillosas de Dios, el cual los llamó a salir de la oscuridad para entrar en su luz maravillosa.

297. ¿Quiénes deben ser perdonados?

Aquellos que se arrepienten y piden perdón.

597 **Hch 3.19** Por eso, vuélvanse ustedes a Dios y conviértanse, para que él les borre sus pecados.

298. ¿A quiénes no se debe perdonar?

A los pecadores que no se lamentan por su pecado y que no creen en Jesucristo.

598 **Mt 18.17** Si tampoco les hace caso a ellos, díselo a la congregación; y si tampoco hace caso a la congregación, entonces habrás de considerarlo como un pagano o como uno de esos que cobran impuestos para Roma.

H.B. **Salmos 6; 32; 51; 102; 130; 143** David se muestra arrepentido en los Salmos Penitenciales. **Lc 18.33** El cobrador de impuestos arrepentido fue librado de culpa. **Lc 15.11-24** El padre aceptó al hijo pródigo cuando éste regresó arrepentido. **Mt 26.75** Pedro lloró amargamente.

299. ¿Cómo administran públicamente las congregaciones cristianas el oficio de las llaves?

Las congregaciones cristianas, por mandato de Cristo, llaman pastores para que ejerzan el oficio de las llaves públicamente en su nombre y en representación de la congregación.

599 **Ef 4.11** Y él mismo concedió a unos ser apóstoles y a otros profetas, a otros anunciar el mensaje de salvación y a otros ser pastores y maestros.

600 **1 Co 4.1** Ustedes deben considerarnos simplemente como ayudantes de Cristo, encargados de enseñar los secretos del plan de Dios.

601 **Hch 20.28** Por lo tanto, estén atentos y cuiden de toda la congregación, en la cual el Espíritu Santo los ha puesto como pastores para que cuiden de la iglesia de Dios, que él compró con su propia sangre.

300. ¿Quiénes pueden ejercer el oficio pastoral?

Las congregaciones deben llamar a personas que estén personal y espiritualmente calificadas para ser sus pastores.

602 **1 Ti 3.1-2** Esto es muy cierto: si alguien aspira a un puesto de dirigente en la iglesia, a un buen trabajo aspira. Por eso, la conducta del que tiene responsabilidades como dirigente ha de ser irreprensible. Debe ser esposo de una sola mujer y llevar una vida seria, juiciosa y respetable. Debe estar siempre dispuesto a hospedar gente en su casa; debe ser apto para enseñar.

603 **2 Ti 2.15** Haz todo lo posible por presentarte delante de Dios como un trabajador aprobado que no tiene de qué avergonzarse, que enseña debidamente el mensaje de la verdad.

LA DISCIPLINA ECLESIÁSTICA Y LA EXCOMUNIÓN

301. ¿Qué se debe hacer con aquellos que abiertamente no se arrepienten?

La congregación cristiana debe ejercer la disciplina de la iglesia en amor y paciencia. "Si tu hermano te hace algo malo, habla con él a solas y hazle reconocer su falta. Si te hace caso, ya has ganado a tu hermano. Si no te hace caso, llama a una o dos personas más, para que toda acusación se base en el testimonio de dos o tres testigos. Si tampoco les hace caso a ellos, díselo a la congregación; y si tampoco hace caso a la congregación, entonces habrás de considerarlo como un pagano o como uno de esos que cobran impuestos para Roma" **(Mt 18.15-17).**

604 **Gá 6.1-2** Hermanos, si ven que alguien ha caído en algún pecado, ustedes que son espirituales deben ayudarlo a corregirse. Pero háganlo amablemente; y que cada cual tenga mucho cuidado, no suceda que él también sea puesto a prueba. Ayúdense entre sí a soportar las cargas, y de esa manera cumplirán la ley de Cristo.

302. ¿Cómo debe ser tratado un excomulgado que se arrepiente?

La congregación debe perdonar a toda persona excomulgada que se arrepiente, y recibirla en plena comunión.

605 **2 Co 2.7-8** Lo que ahora deben hacer es perdonarlo y ayudarlo, no sea que tanta tristeza lo lleve a la desesperación. Por eso les ruego que nuevamente le demuestren el amor que le tienen.

APÉNDICE

Los credos y las confesiones

Los credos **Apostólico**, **Niceno** y **Atanasiano** son expresiones universales de fe que la Iglesia Luterana confiesa. Estos credos se concentran especialmente en la persona y en la obra de Jesucristo.

La Iglesia Luterana también acepta sin reservas todos los documentos que forman el *Libro de Concordia* de 1580 como una exposición verdadera e inadulterable de la palabra de Dios. El más conocido y usado de estos documentos es el Catecismo Menor de Martín Lutero.

Lutero nació el 10 de noviembre de 1483 en Eisleben, Alemania. Estudió en la Universidad de Erfurt, reconocida como la mejor escuela, especialmente en leyes y artes liberales. Sin embargo, muy pronto solicitó ser admitido en la orden Agustina. En 1507 fue consagrado como sacerdote. Más tarde obtuvo el doctorado en teología. Su ruptura con la Iglesia Católica Romana ocurrió después que se le pidió que se retractara de lo que él creía eran enseñanzas bíblicas contrarias a las de la Iglesia Romana.

El **Catecismo Menor** y el **Catecismo Mayor**, terminados en 1929, fueron concebidos originalmente para ser usados como manuales de ayuda para pastores y jefes de familias para enseñar la palabra de Dios a niños y adultos. El Catecismo Mayor no está hecho en forma de preguntas y respuestas, sino que presenta las enseñanzas cristianas básicas en una forma que se usaba a menudo en los sermones.

La **Confesión de Augsburgo**, otra exposición de fe muy conocida, fue escrita por Felipe Melanchton, y leída ante el emperador Carlos V en Augsburgo, Alemania, en 1530. Aunque tiene un tono amigable, fue adoptada como un testimonio contra los abusos que prevalecían en la iglesia, y contra los errores de ciertos reformadores en relación a doctrinas fundamentales como el pecado original y los sacramentos.

En 1531 Melanchton escribió la **Apología** (defensa) **de la Confesión de Augsburgo**. Este documento también llegó a ser una confesión de fe oficial entre los luteranos, cuando la adoptaron en Esmalcalda, Alemania, en 1537. Contesta detalladamente las críticas a la Confesión de Augsburgo. Practicamente, la mitad de la Apología se dedica a la enseñanza bíblica de la justificación por gracia, por medio de la fe en Jesucristo.

Los **Artículos de Esmalcalda** fueron escritos por Lutero en 1536 y firmados por muchos clérigos presentes en Esmalcalda en 1537. Los artículos son un resumen de los desacuerdos de Lutero con la Iglesia Romana. En Esmalcalda también se adoptó oficialmente el **Tratado Sobre el Poder y la Primacía del Papa**, escrito por Melanchton.

En 1577 se completó la **Fórmula de la Concordia**, que sirvió para resolver las diferencias doctrinales entre los luteranos, y que fue aprobada por más de 8.000 teólogos, pastores y maestros en 1580. No era una nueva confesión, sino una exposición y defensa de los escritos que se habían adoptado previamente.

EL AÑO ECLESIÁSTICO

Cuatro domingos de Adviento.

Navidad (el nacimiento de Jesucristo)

Circuncisión (Año Nuevo)

Epifanía

Seis domingos después de Epifanía.

Miércoles de Ceniza (primer día de la Cuaresma)

Seis domingos de Cuaresma

Domingo de Ramos

Semana Santa, con Jueves Santo y Viernes Santo (la muerte de Jesucristo).

Pascua de Resurrección

Cinco domingos después de Pascua

Ascensión

Domingo después de Ascensión

Pentecostés (la venida del Espíritu Santo)

Domingo de Trinidad con 22 a 27 domingos después de Trinidad

Día de la Reforma (el 31 de Octubre)